KiWi 312

Über das Buch

Dreizehn Frauen beschreiben ihre Erfahrungen in Beziehungen zu anderen Frauen. Das Erlebte wurde zu Geschichten gestaltet, die über das rein Persönliche hinausgehen und Grundprobleme spiegeln, die in Freundschaften zwischen Frauen auftauchen. Die Eindringlichkeit der Gestaltung unterstreicht die Authentizität des Erlebens. Meist wird in der Ich-Form erzählt, manchmal mit der Wahl einer dritten Person eine gewisse Distanz geschaffen. Die Vielfalt von Sichtweisen und individueller Auseinandersetzungen mit der Thematik vermitteln nicht nur ein großes Spektrum von Identifikationsangeboten, es werden auch stereotype Vorstellungen über Frauenfreundschaft und Frauenliebe aufgebrochen. So wurde Freundschaft zwischen Frauen oft als unwichtig und nebensächlich abgewertet, lesbische Liebe galt lange und gilt heute noch für viele als »nicht normal«.

In diesem Buch kommen Frauen zu Wort, die es anders erlebt und erfahren haben, für die eine Freundschaft mit einer Frau große Bedeutung gewann oder die Liebe zu einer Frau zu ihrem Leben gehört.

Die Herausgeberinnen

Natascha Würzbach, geboren 1933, Studium der Anglistik, Germanistik, Philosophie und Geschichte. Hochschullehrerin. Lebt in Köln.

Herausgabe und Mitarbeit: *Krankheit als Lebenserfahrung. Frauen berichten*, 1988.

Marion Kannen, geboren 1956 in Gießen, studierte Germanistik und Anglistik, Auslandaufenthalt in England, Veröffentlichungen in verschiedenen Zeitschriften und Anthologien. Lebt in Köln.

HERZDAME

FREUNDSCHAFT UND LIEBE ZWISCHEN FRAUEN
AUTOBIOGRAPHISCHE GESCHICHTEN

HERAUSGEGEBEN
VON NATASCHA WÜRZBACH
UND MARION KANNEN

KIEPENHEUER & WITSCH

Umschlaggestaltung Rudolf Linn, Köln
Satz Kalle Giese Grafik, Overath
Druck und Bindearbeiten Clausen & Bosse, Leck
ISBN 3-462-02273-3

Inhalt

Vorwort

Erfahrungen und Lebensformen von Frauen sind lange Zeit eher unbeachtet geblieben, wenn nicht verschwiegen worden. Erst in den letzten Jahrzehnten wurden sie mehr und mehr zu Themen der Literatur und des öffentlichen Bewußtseins. Die Gründe dafür sind vielfältig und vor allem in einem neuen Selbstbewußtsein der Frauen zu suchen. Sie begannen zunehmend, ihre traditionell zugewiesene Lebenswelt kritisch zu überprüfen, neu zu bewerten, zu verändern, zu erweitern und bewußter zu leben.

Zu den zentralen Erfahrungen von Frauen gehören Beziehungen zu anderen Frauen, von denen die Mutter am Anfang steht und alle späteren Beziehungen beeinflussen kann. Freundschaft, Liebe, Erotik und Sexualität – all dies ist Wirklichkeit zwischen Frauen, kann sich in verschiedenen Lebensphasen einstellen und bedeutsam für die eigene Entwicklung werden. Freundschaften können über kurze Zeit bestimmend oder so tief und wesentlich sein, daß sie ein ganzes Leben erhalten bleiben. Freundschaft zwischen Frauen kann erotische Züge haben, und aus einer Freundschaft kann Liebe werden, aus einer großen Nähe der Wunsch nach einer sexuellen Beziehung entstehen. Oder eine Freundschaft wird gerade dadurch gefährdet, daß eine sich in die andere verliebt. Beziehungen zwischen Frauen bewegen sich in einem weiten Feld zwischen Freundschaft und Liebe, oft mit scharfen Grenzziehungen, oft aber auch mit fließenden Übergängen.

In den hier vorgestellten Beiträgen erzählen Frauen ihre eigenen Erfahrungen in Beziehungen zu anderen Frauen. Das Erlebte wurde zu Geschichten gestaltet, die über das rein Persönliche hinausgehen und Grundprobleme spiegeln, die in Freundschaften zwischen Frauen auftauchen. Die Eindringlichkeit der Gestaltung unterstreicht die Authentizität des Erlebens. Meist wird in der Ich-Form erzählt, manchmal mit der Wahl einer dritten Person eine gewisse Distanz geschaffen. Die Vielfalt von Sichtweisen und individueller Auseinandersetzung mit der Thematik vermittelt nicht nur ein größeres Spektrum an Identifikationsangeboten, es werden auch stereotype Vorstellungen über Frauenfreundschaft und Frauenliebe aufgebrochen und Vorurteile entkräftet. Freundschaft zwischen Frauen wurde oft als unwichtig und nebensächlich abgewertet, lesbische Liebe galt lange und gilt heute noch für viele als »nicht normal« oder tabu.

In unserem Buch kommen Frauen zu Wort, die es anders erlebt und erfahren haben, für die eine Freundschaft mit einer Frau große Bedeutung gewann oder die Liebe zu einer Frau zu ihrem Leben gehört. So übernimmt zum Beispiel in der Mädchenzeit eine fast gleichaltrige Freundin die Führung bei den ersten spielerischen Schritten ins Erwachsenenalter – besorgt Kinokarten, verpaßt der anderen die ersten Lidschatten, glaubt zu wissen, wie man mit Jungens umgeht. Und es werden große Pläne für die Zukunft gemacht. Die Zuwendung und Liebe einer Freundin vermag Berührungsängste zu überwinden und Vereinsamung aufzubrechen. Freundschaften können aus verschiedenen Anlässen entstehen: in der Kindheit aus Solidarität gegenüber autoritären Erwachsenen, im Studium zur Bewältigung gemeinsamer Aufgaben, aus politischer Zusammenarbeit in der Frauenbewegung, nach der Trennung von einem Mann als Neuanfang – oder einfach aus einem spontanen Gefühl der Sympathie und Faszination heraus. Für manche ergibt sich der Übergang von Freundschaft zu Liebe ganz selbstverständlich, für andere ist es eine mehr oder minder bewußte Entscheidung. Wieder andere zögern und empfinden dies später als Versäumnis oder scheuen vor diesem Schritt zurück und erkennen, daß es für sie notwendige Grenzen gibt.

Die Frage nach diesen Grenzen wurde nicht immer gestellt. Die Geschichte der Frauenbeziehungen läßt vermuten, daß Freundschaft und Liebe oft ineinander übergehen. Im 18. Jahrhundert gab es stark gefühlsbetonte und langwährende Freundschaften zwischen Frauen, in denen sie Zärtlichkeit und Liebe ausleben konnten, wie sie in der konventionellen Ehe selten zu finden waren. Ob diese Freundschaften, die sich in der Vorstellungswelt des damaligen Freundschaftskults bewegten, auch sexuelle Ausdrucksformen hatten, wissen wir nicht. Manche Frauen, die ihre Berufstätigkeit und Selbständigkeit in einer Ehe mit einem Mann nicht aufgeben wollten, entschieden sich im 19. Jahrhundert dafür, mit einer anderen Frau einen gemeinsamen Hausstand zu gründen. Auch in dieser als »Boston Marriage« bezeichneten Form des Zusammenlebens ließen sich Freundschaft und Liebe nicht auseinanderdividieren.

Erst als am Anfang unseres Jahrhunderts der Frau eine eigenständige Sexualität zugebilligt wurde, brachten die ersten Sexualforscher auch die Frage nach der Sexualität zwischen Frauen ins öffentliche Bewußtsein. Da begann mit der Pathologisierung von Frauenbeziehungen auch die Abgrenzung zwischen Freundschaft und lesbischer Liebe und deren Diskriminierung. Dahinter standen Ängste vor Beziehungsformen, die in ihrer Gefühlsintensität und Lebensgestaltung gesellschaftliche Konventionen überschritten und vor allem aus männlicher Sicht eine bedrohliche Unabhängigkeit von Frauen zum Ausdruck brachten. Solche Ängste sind auch heute noch wirksam und zeigen sich in manchen Formen sozialen Drucks, drängen Frauenbeziehungen in private Geheimhaltung und Subkultur. Wo Frauen sich ihre Liebe zum gleichen Geschlecht gegen die Widerstände der Gesellschaft erkämpfen mußten, legen sie oft Wert auf eine deutliche Abgrenzung von reiner Freundschaft. Die Grenzen zwischen Freundschaft und Liebe können unter Frauen aber auch eher fließend erlebt werden, weil Gefühlsausdruck und Zärtlichkeiten in größerem Umfang üblich sind als zwischen Frauen und Männern und die größere Nähe ihre erotischen Schwingungen hat.

In unseren Beiträgen kommen sowohl die Zwischentöne und Übergänge zur Sprache wie die volle Entfaltung einer Liebesbeziehung. Meist wird der Aspekt der Gleichgeschlechtlichkeit zwar als etwas Besonderes empfunden, aber auch mit einer gewissen Selbstverständlichkeit gelebt. Die Dramatik eines »Coming-out« liegt mehr in der Intensität der Liebeserfahrung als in der Überwindung einer Hemmschwelle oder in der Furcht vor Diskriminierung. Dabei zeigt sich auch ein Generationsunterschied, der einen offeneren und freieren Umgang mit gleichgeschlechtlicher Liebe in unserer Gesellschaft erhoffen läßt.

Die in diesem Buch versammelten Geschichten zeichnen sich dadurch aus, daß sie nicht beschönigen oder idealisieren. Beziehungen zwischen Frauen haben ihre Glückserlebnisse ebenso wie ihre Schwierigkeiten und Konflikte als conditio humana. Sie zeigen aber auch manche besonderen Ausprägungen. Aus gleichgeschlechtlicher Ähnlichkeit kann intensive Nähe erwachsen, aber auch Angst vor Vereinnahmung und Kampf um Abgrenzung. Gefühle werden spontaner und direkter ausgedrückt, können aber auch leichter verletzt werden. Starke Solidarität kann sich ebenso einstellen wie heftige Rivalität. In viele Frauenbeziehungen spielt die eigene Erfahrung mit der Mutter hinein. Da soll fehlende Liebe nachgeholt werden, da führt die noch nicht gelungene Ablösung von der Mutter in neue Abhängigkeit, werden alte Beziehungsmuster durchgespielt. Da bringt die Orientierung an einer deutlich älteren Frau Erfahrungszuwachs und Anstöße für die eigene Entwicklung. Und es kommt auch vor, daß die reale Mutter selbst sich noch einmischt, Unruhe stiftet oder Unterstützung gibt. Suchen, Irrtum, Enttäuschung gehören ebenso zu den Erfahrungen wie Angenommenwerden und Erfüllung von Sehnsüchten. Trennung und Tod markieren krisenhafte Lebenseinschnitte. Es gibt eheähnliche Beziehungen, Befreiungsversuche aus zu enger Bindung, Abenteuerlust und Verführung. Der enge Freiraum der Subkultur bietet die Möglichkeit erster Erfahrung, aber auch langfristiger Desillusionierung.

Hier sollte kein politisches Buch entstehen, das eine bestimmte Form der Beziehung propagiert oder die verschiedenen Formen von Liebe und Nähe vereinheitlicht. Im Gegenteil, es geht darum, Vielfalt und Vielschichtigkeit leben zu lassen, erkennen und akzeptieren zu können. Die panische Angst davor, eine Freundschaft könne erotische Momente beinhalten oder entwickeln, ist ebenso unnötig wie der Zwang, aus jeder tieferen Freundschaft eine »nichtgelebte Liebe« zu machen. Die Vielfältigkeit der hier geschilderten Erfahrungen macht Gefahren und Chancen von Frauenbeziehungen im weiten Feld von Freundschaft und Liebe sichtbar.

Elke Vesper
Von wegen *easy*

Wahrscheinlich kennt jede Frau dieses Kaufhaus, in dessen Spiegeln sie aussieht wie ein Monster. Früher glaubte ich, das liege an meinem Äußeren, aber seit ich mich rundum erkundigt habe, weiß ich: All meinen Freundinnen geht es ebenso. Seitdem frage ich mich, ob die Spiegel dort aus Taktik oder Nachlässigkeit so ungünstig belichtet und postiert sind. Meine Freundin vertritt hartnäckig die Auffassung, es sei Taktik, da angesichts eines solchen Zeugnisses eigener Mängel der Griff ins Portemonnaie zwecks Aufbesserung der Optik ungezügelter vonstatten gehe. Aber ich werde in den dort zum Verkauf angebotenen Textilien ebenso scheußlich widergespiegelt wie zuvor. Als ich das meiner Freundin vorhielt, lachte sie besserwisserisch und meinte, die spekulieren darauf, daß du mit einem so brachliegenden Selbst-Wert-Gefühl blind alles kaufst, was dir auch nur annähernd verbesserungsträchtig erscheint. Selbst-Wert-Gefühl sagte sie ebenso, wie ich es geschrieben habe, mit langen Abständen zwischen den Worten, als wüßte ich ohne ihre akustische Unterstützung nicht, worum es geht. So redet sie manchmal – nicht nur mit mir. Sie heißt Solveig.

Dies Kaufhaus suche ich trotz dessen Angriffs auf mein Selbst-Wert-Gefühl immer dann auf, wenn ich Unterwäsche kaufe, Dessous, wie es genannt wird – des sous, wie Solveig spottet, die so etwas nicht trägt, weil sie drunter genug und im Portemonnaie zu wenig hat, wie sie sagt.

Neulich wurde ich dort Zeugin eines Gesprächs, das sich in der Nachbarkabine abspielte. Zwei junge Mädchen waren offenbar damit beschäftigt, Dessous auszuprobieren, um sich auf eine Party vorzubereiten. Und zwischen den für diese Altersgruppe üblichen Vokabeln »geil«, »echt ätzend«,

»voll präge« und »süüüüß« vernahm ich den anscheinend während mühsamen Einquetschens in einen besonders engen Body angestrengt hervorgestoßenen Satz: Die Lesben haben's gut, die brauchen sich mit so einem Scheiß nicht abzuquälen ..., worauf die Antwort kam: Ne, die drücken sich voll gut ... mit ner Frau ... die wolln das doch nur easy haben ...

Ich grinste und murmelte vor mich hin: Wenn ihr wüßtet! Von wegen easy. Das Gesicht Solveigs tauchte vor mir auf, die großen Flächen, bedeckt mit einer Haut, die wahrscheinlich bis ins hohe Alter rosig schimmern wird, die kräftige Nase, der Mund, üppig geschwungen und gerundet wie alles an dieser Venus, die langen lockigen blonden Haare, ich hörte ihr tiefes Lachen, wenn ich ihr von den beiden Mädchen in der Nachbarkabine erzählen würde.

Nun bin ich also beim Thema. Meine Freundin Solveig. Ein un-er-schöpf-liches Thema. Und da ich ohnehin die Tendenz zu Romanen von achthundert bis doppelt so viel Seiten habe, werde ich mich konzentrieren müssen auf's Wesentliche.

Was aber ist das Wesentliche? Und gibt es das überhaupt? Liegen nicht zu jedem Thema viele Wesentliche – drauf, drunter, links und rechts und oben und unten? Und schon gar zu Solveig, und erst recht zu dem Thema unserer Freundschaft.

Solveig lernte ich kennen, weil sie mich kennenlernen wollte. Sie war die Freundin des Mannes, von dem ich damals gerade ein Kind bekommen hatte. Sie rief mich an, eine tiefe, volle und schamlos erotische Stimme. Ohne viel Vorgeplänkel, was ich unangenehm fand, denn ich liebe alles, wovon man und frau in Wörtern mit vor-spricht, erzählte sie mir, wie beeindruckend sie mich fände. Wir waren uns noch nie begegnet. Ich lebte mit meinem Partner seit kurzem zusammen, hatte von dieser in einer anderen Stadt wohnenden

Freundin einiges gehört, war ein wenig eifersüchtig auf ihre Geschichte mit meinem Mann, die weiter in die Vergangenheit zurückreichte als seine und meine, und reagierte höflich auf ihren Überfall. Ja, wir sollten uns einmal kennenlernen, vielleicht ergibt sich bald eine Gelegenheit. Und abends dann die Frage an den Geliebten: Was hast du der denn von mir erzählt?

Die Gelegenheit ergab sich im Sommer. Auf der Rückreise von unseren Ferien an der Nordsee fielen wir mit Kind und Kegel bei der fremden Frau ein.

Reihenhaus. Lieber, belangloser Gatte. Eine viel zu freundliche Gattin, die den Geruch von Bratenduft ebenso verschwenderisch verströmte wie eine unpassend heiße Herzlichkeit. Ihr Braten zeugte von Qualitäten auf dem Terrain der Kochkunst.

Meine Enttäuschung überraschte mich. Hatte sie offenbar meine Neugier stärker beschäftigt, als ich es wahrhaben wollte. Die Gespräche drehten sich um gemeinsame Erinnerungen der drei anderen, und ich kam mir vor wie in einer Gesellschaft von Wiederkäuern. Für morgen kein Interesse, für heute keine Kraft, bloß den Blick vermeiden auf das Gegenüber und in sich selbst, Sicherheit allein und einen Schein von Leben bietet das Hochrülpsen des tausendfach Wiederholten. Mir bereiten diese Art von Gesprächen Übelkeit, als verströmten sie den Geruch von Verwesung.

Das einzig Irritierende an dieser Altersheimatmosphäre war eine flirrende Helligkeit, die Solveig ausstrahlte, und ihr Lachen, das sie wie geschaffen erscheinen ließ für die Rolle einer Barfrau in einem Fassbinder-Film. Distanziert beobachtete ich das liebe Hausmütterchen und amüsierte mich damit, sie in der Vorstellung zu verpflanzen: Barsängerin, schwarzer Pianist, amerikanische Zigaretten und blonde Hausfrauen, die zu netzbestrumpften Geliebten englischer Soldaten werden.

Und plötzlich, ich wußte nicht, wie es geschah, waren wir mitten im schönsten Streit. Wir zwei Frauen gifteten uns an. Sie verschleierte ihre graugrünen Augen durch lange dunkle Augenwimpern und behauptete von oben herab, die Frauenbewegung wälze sich doch in der Opferrolle wie ein Schwein in der Pampe, sie selbst, unzweifelhaft Frau, hätte noch nie Schwierigkeiten gehabt, sich zu nehmen, was sie wolle. Ja, für soziale Gerechtigkeit müsse man kämpfen, aber das ganze Gesülze um sexuelle Unterdrückung – manchmal erscheine es ihr, als werde es nur von den Lesben veranstaltet, um die eigene Klientel zu vergrößern.

Und ich mit meinen milchvollen Mutterbrüsten spürte das intensive Bedürfnis, dieser Schwester den milchzarten Paradeteint zu zerkratzen. Frauenfeindin, zischte ich, und von wegen Vergewaltigung und Gewalt und so, was ist damit?

Die Männer schwiegen eine Weile und bemühten sich dann, vermittelnd einzugreifen, was mich um so wütender machte. Da hatte ich also drei gegen mich, nun gut, sagte ich mir: Lassen wir die Altersheimwände wackeln! Und sie wackelten bis in die Nacht. Gerade noch höflich verabschiedeten wir uns voneinander, von mir aus ohne jedes Bedürfnis, einen solchen Besuch jemals zu wiederholen.

Ein Jahr später überfiel mich diese Frau in einem kleinen Häuschen in Südfrankreich, wo ich mit meinen beiden Kindern die Ferien verbrachte. Abgerissene Rucksacktouristin, die blonden Locken leicht fettig, in den Augen Sehnsucht, im Mund Trauer, in den Fäusten Zorn. Wie recht ich gehabt hätte, damals, ja, sie habe sich nur angestrengt, ihre Unterdrückung nicht wahrzunehmen, wie sie sich selbst klein gemacht habe, Hausmütterchen, Gewerkschafterin im Rahmen, Wärme verströmend, Anteilnahme im Kleinen wie im Großen, wie sie ihre Wildheit, ihre Gier aufs Leben, ihre Kraft nicht habe sehen wollen, weil dann die Wände ihrer sicheren Existenz eingestürzt wären. Eben das sei nun geschehen. Und sie sei da und biete mir ihre herzliche und wilde Frauenfreundschaft an. Und erhoffe von mir Trost und Aufmunterung. Und könne im übrigen auch nicht lange bleiben. Meine Mutter-Kind-Idylle wecke schon jetzt kurz nach der Ankunft bei ihr Gefühle von Neid und zugleich Bedrängung.

Da hatte ich sie also, eine herzliche und wilde Freundin, sehnsüchtig, traurig und wütend. Zum Nachdenken, ob ich sie auch wirklich wollte, blieb keine Zeit. Sie schubste mich in eine Woche voll Lachen und Weinen, Fluchen und Phantasieren.

Wenn ich heute deprimiert bin, krame ich die Fotos von damals hervor. Oft heitern sie mich auf, denn sie erinnern mich an Seiten meiner Person, die ich vergesse, wenn mich niemand daran erinnert, und an eine Zeit, in der ich mich ganz gefühlt habe, vollständig, rund. Ich spürte mich mit allem, was mich ausmachte, unter der Sonne, im Wasser und mit den kleinen Händen meiner Kinder zwischen meinen – immer begleitet von einer überaus lebendigen Frau namens Solveig – und ich war in Ordnung.

Wie dies Gefühl von Ganzheit damals zustande gekommen war, kann ich nicht erklären, aber es taucht in mir als Ahnung auf, sobald ich die Fotos betrachte.

Da ist Solveig zu sehen, von mir fotografiert vor einer dicht behangenen Wäscheleine unter einer Pinie. Sie trägt eine knallrote durchsichtige Bluse indischer Machart über einem den runden Hintern zeigenden türkisen Bikinihöschen. Und – peng – wie eine Glühbirne springt meine Erinnerung an: Unser fröhliches Wäschewaschen unter der Morgensonne. Waschschüsseln, die so klein sind, daß wir die Menge der Wäsche entweder begrenzen müssen – ich habe einen Säugling und eine dem Kleinkindalter gerade entwachsene Tochter – oder aber mehrere Etappen einlegen müssen. Das Waschen ist für uns nicht Mühe, wie es das für mich allein vorher gewesen war, nein, wir lassen unsere Körper rotieren, wie es zu Hause die Waschmaschine tut, beobachten die Zeit, die wir verbrauchen, weil wir sie besitzen, und freuen uns an der gemeinsamen Arbeit.

Ohne uns jemals mit Reinkarnation beschäftigt zu haben, entschieden wir, uns bereits aus früheren Leben zu kennen, und dies Leben war ganz sicher ein Wäscherinnenleben gewesen. Wäscherinnen in der Seine, so sahen wir uns. Wir erinnerten, wie wir mit anderen unsere Rücken beugten, die Linnen in der Sonne bleichten, in den Pausen unser Kreuz hielten und die Augen unter der Sonne blinzelten. Wir vernahmen als Echo aus alter Zeit, wie wir uns Geschichten erzählten über die Männer, die Kinder, die Sorgen und die lächerlichen Belanglosigkeiten. Wir spürten unsere Stärke, die wir daraus schöpften, daß wir uns nicht vereinzelt empfanden, wir lebten in gemeinsamer Sorge und gemeinsamer Wut, auch die Sehnsucht und die Liebe teilten wir mit den anderen. Unser ohnmächtiger Zorn, als wir unsere Kinder hungern sahen, der einen und der anderen starb eins weg, und wie wir schließlich den langen Fußmarsch nach Versailles machten, gutgläubig in der Erwartung, auch die Königin sei eine Frau und müsse uns also verstehen.

Dann sind da die Fotos, die wir von uns und den Kindern im Restaurant machten. Wir vier hatten uns hübsch angezogen, auf eine Weise geschmückt, wie ich es allein nie gewagt hätte. Eine Nelke im Haar trage ich und große Damen-Ohrringe, die damals noch nicht üblich waren.

Ein Foto von Solveig, das mich auch heute noch bezaubert: Sie trägt einen Strohhut in dunklem Rosé, fast schon braun, geschmückt mit Stoffblumen in zarten Tönen der gleichen Roséfarbe. Wir besuchten einen kleinen Markt der Region, und die Aufmerksamkeit der Männer zog sich um sie zusammen, daß ich es körperlich spürte. Sie offenbar nicht. Drei Männer machten dort Musik, Querflöte, Gitarre und ein kleines Akkordeon, überraschend professionell und wunderbar lebensfroh. In den Pausen spielte einer auf der Drehorgel, das war für die Kinder am schönsten. Die Marktleute selbst saßen an den langen Tischen, tranken ihren eigenen Wein und sangen mit den Musikern. Solveig gestand mir – und ich sehe ihre geröteten Wangen, während ihr Körper im Takt schwang –, welche erotische Wirkung Musiker auf sie hätten, Musiker, sagte sie, und nahm die Hand vor den Mund, während sie lachte, machen mich fast automatisch feucht. Die Künstler schienen es zu ahnen, denn nach kürzester Zeit spielten sie nur noch für meine Freundin, und es dauerte nicht lang, da bekamen wir von den Marktleuten Wein spendiert, und sie setzten sich zu uns und wollten alles von uns wissen. Da lernte ich eine neue Solveig kennen. Sie wurde verlegen und hatte offenbar vor lauter Scham ihre Französischkenntnisse vergessen. Obgleich die Männer, die ihr die blumigsten Komplimente wegen ihres Hutes machten, ganz offensichtlich nur ihretwegen das aufwendige Theater der Werbung veranstalteten, überließ Solveig mir die Unterhaltung und beschränkte sich auf ein leicht entrücktes charmantes Lächeln unter ihrem lockenden Hut.

Und dann habe ich Stapel von Nacktfotos. Es hat mir eigentlich nicht an Männern gemangelt in meinem Leben und auch nicht an Interesse an meinem nackten Körper, und doch hat mich keiner so fotografiert, wie Solveig es getan hat.

Wir haben mit unseren Körpern gespielt, haben die Nelke vor die Brust gehalten und nur den schönen Hut aufgesetzt. Ja, ich weiß, es gibt sogar schon Postkarten, wo auf diese Weise mit Nacktheit gespielt wird, die aber haben nur diffuse Neidgefühle in mir geweckt. Einmal so angesehen werden, als Körper, der es wert ist, daß mit seiner Schönheit gespielt wird und daß alles festgehalten wird. Verweile doch! Diese Aufforderung wohnt versteckt diesen Fotos inne; und im Verweile doch! schwingt mit: Du bist so schön!

Immer wenn ich diese Fotos betrachte, meine Brüste, meinen Bauchnabel, mein dunkles Dreieck und mittendrin eine rote Nelke, wie ein Mandala sieht es aus, meine Locken und darunter ein kleines Stückchen Rücken über runden Hüften und zwei Hälften, die zusammen wie ein Pfannekuchen aussehen, das alles ist so schön, wie ich nie war und nie mehr danach war, aber immer wieder in den Augenblicken bin, in denen ich die Fotos betrachte. Ich weiß nicht, wie Solveig es geschafft hat, mich so schön zu machen, aber sie hat mir in jenem Urlaub meinen Körper geschenkt, indem sie seine Schönheit sah und sagte: Verweile doch!

Wenn ich die Fotos betrachte, bin ich auch immer traurig, eine bittersüße Traurigkeit. Ich spüre, daß seitdem etwas fehlt. Ich spüre, daß ich damals meiner Vision nahegekommen bin, meine Sehnsucht berührt habe, was ich als Ganzheit bezeichne oder als Da-Sein miteinander. Wenn das Miteinandersein wahrhaftig ist und jeder den anderen wirklich wahrnimmt und ansieht, das, was ich so oft bei meinem jetzigen Freund vermisse, der mich nicht wirklich betrachtet, der viel zu schnell überfliegt von einem Thema zum andern, der aufsteht, bevor ein Gespräch sich entwickeln konnte, der vor mir und auch vor sich selbst flieht.

Ja, während der Zeit mit Solveig damals in Frankreich dachte ich oft, so müßte es mit einem Mann sein, so offen und so intensiv, so müßte ich mich spüren können. Wir stritten auch, und dieses Streiten war deshalb so wunderbar, weil sie nicht aufgab. Sie blieb mit einer Kraft beharrlich, die mich zwar manchmal über die Grenzen meiner körperlichen Belastbarkeit trieb (meine Kinder wachten auch im Urlaub pünktlich gegen acht Uhr auf), die uns aber irgendwann zu dem Punkt brachte, daß wir einander verstanden. Dann wurde deutlich: Wir sind keine Feindinnen, wir empfinden nur unterschiedlich. Auseinandersetzung mag ich es nicht nennen, denn wir saßen sehr dicht zusammen dabei und rückten immer dichter, und es war ihr Verdienst, daß ich wieder zurückkam, wenn ich mich von ihr abwenden wollte, die alte Art, in der ich stritt. Sie wollte nicht gewinnen, das begriff ich später, sie warb um mein Verständnis, indem sie immer und immer wieder davon sprach, wie ihr Empfinden war. Und ich begriff auch erst später, daß Solveig mich nicht bekämpfen wollte, als sie nach meinem Erleben fragte und sagte, ich sei ihr oft fremd. Sie wollte mich kennenlernen und wollte, daß ich ihr half, mich zu begreifen. Sie setzte Maßstäbe, die es meinem Mann danach erschwerten, auf die alte Weise ums Rechthaben zu kämpfen. Nur die Zeit war zu kurz gewesen, als daß ich von ihr das Streiten hätte lernen können. So blieb nur der Maßstab zurück und das sichere Gefühl, so muß es nicht sein, wenn mein Mann und ich uns wieder einmal auf alte Weise voneinander abwendeten, nachdem wir uns gegenseitig Vorwürfe gemacht hatten.

Dann sagte sie plötzlich, nachts, nachdem wir uns schöne Träume gewünscht hatten: Morgen früh bin ich fort! Und als ich protestierte, sie müsse mir doch immerhin Zeit zum Abschiednehmen lassen, trat sie kichernd an mein Bett, gab mir einen Kuß auf den Mund und sagte: Dies ist ein Abschiedskuß. Am nächsten Morgen war ihr Bett leer, und ich vermißte sie.

Von nun an war sie meine Freundin. Und auch seine Freundin. Eine Weile ging alles gut. Mein Mann und ich verstanden uns in unseren Gefühlen für sie. Nur manchmal schlich sich in seine Stimme ein feiner, kaum hörbarer Ton von Verachtung, wenn er über Solveig sprach. Also schön fände er sie ja nicht, nett, ja, sehr nett, und so herzlich, so überaus herzlich, vielleicht zu nett und vielleicht sei die Herzlichkeit gar nicht echt.

Von Zeit zu Zeit kam sie uns besuchen. Zuerst schlief sie auf dem Sofa im Wohnzimmer, danach in seinem Bett, das er für sie geräumt hatte. Und es ergab sich von ganz allein, daß ich ihre Besuche dann einmal erwiderte: Selbstverständlich war, daß der Vater bei den Kindern blieb.

Dieses Wochenende wirkte auf mich wie ein starker Zauber. Es war wie die Heimkehr zu einem Gefühl, von dem ich immer nur geahnt hatte, daß es das geben müßte. Solveig bot sich mir an als Mutter, Schwester und Freundin. Und ich, die sorgende, leicht abgearbeitete Familienmutter, durfte klein sein, mich verwöhnen lassen, kichern, Hand in Hand mit ihr über Pfützen hüpfen, meine intimsten Geheimnisse ausplaudern, ohne Gefahr, gerügt zu werden. Bis tief in die Nacht redeten wir, lachten, ein Einverständnis, nach dem ich mich, so schien es mir, mein Leben lang gesehnt hatte. Kurz vorm Einschlafen streichelte sie mich. Meine Haare, mein Gesicht, meine Arme. Es war schön und ein kleines bißchen beunruhigend.

Als Solveig das nächste Mal bei uns einfiel – anders kann man ihre Besuche nicht bezeichnen, denn sie kamen überraschend oder blieben nach Ankündigung auch aus, weil ein anderer Mensch, eine andere Situation ihre Aufmerksamkeit völlig gefangengenommen hatte –, schlief sie in meinem Bett. Es gab keine Diskussionen mit meinem Mann, es entwickelte sich wie von allein. Wir zwei Frauen, so denke ich heute, strahlten eine solche Zusammengehörigkeit aus, daß er sich von uns völlig unbemerkt zurückzog. Er sei müde, sagte er gegen Mitternacht. Fröhlich wünschten wir ihm schöne Träume.

Solveig war gerade frisch verliebt, eine aufregende, leidenschaftliche Liebesgeschichte, die uns viel zu erzählen, zu spekulieren, zu lachen gab.

Daß meine eigene Liebesgeschichte ihrem Ende zuging, hatte mit Solveig genauso viel und genauso wenig zu tun wie mit den unzähligen Männern, in die ich mich romantisch verliebte und sofort wieder entliebte, sobald etwas Ernstes daraus zu werden drohte. Die Eifersucht meines Mannes richtete sich gegen Solveig wie gegen seine vermeintlichen Nebenbuhler wie gegen andere Freundinnen und Freunde, denen ich schenkte, was ich ihm zunehmend verweigerte: mein Interesse, meine Energie. In dieser wackligen Trennungsphase floh ich wie in einen Unterschlupf in Solveigs kleine Wohnung. Und wieder bekam ich all die Wärme, nach der ich mich sehnte, all die Stärke, an die ich mich anlehnen konnte. Es war wie ein Rausch, durch den ich meine bedrükkende Situation vergaß. Diesmal streichelte Solveig vorm Einschlafen auch meinen Brustansatz, einen von mir geheiligten Körperbereich, an den ich nur lasse, wem ich auch die Berührung meiner Brüste gestatte. Mir stockte der Atem. Sie gab mir einen Gutenachtkuß und rollte sich auf ihre Schlafseite.

Von nun an entwickelte sich ein seltsamer Sog: Meine Trennung wurde zunehmend zu einer Entscheidungsfrage zwischen Solveig und meinem Mann. Er war von bissiger Eifersucht gegen sie erfüllt. Ich fühlte mich keinem Menschen so nah wie ihr, plante, in ihre Stadt zu ziehen, mit ihr gemeinsam in eine Wohnung, Frauenfreundschaft, Wohngemeinschaft, weg aus meiner Familie. Und doch war da auch Angst. Was war das eigentlich, das uns verband? Allein Freundschaft? Allein Seelenverwandtschaft? Oder war es auch Erotik, gar sexuelle Anziehungskraft?

Ich verschlang nahezu die komplette Literatur zum coming out lesbischer Beziehungen mit Neid und Bewunderung. So also war es einigen Frauen möglich, die seelische Übereinstimmung zwischen Frauen mit ihrer sexuellen Lust zu verbinden. Kein Geschlechterkampf mehr, wie wunderbar.

Ich schrieb Solveig einen Brief. Daß wir vielleicht verliebt wären. Daß ich es gern ausprobieren würde. Daß ich mich auf eine Liebesbeziehung zu ihr einlassen würde. Daß vielleicht all unser Krampf in Beziehungen zu Männern seinen

Grund darin fände, daß wir in Frauenbeziehungen glücklicher wären.

Wir telefonierten noch häufiger, verliebte, ein wenig atemlose Telefonate. Wir verabredeten uns zu unserem ersten Liebesdate.

Der Tag wurde seltsam. Anders als sonst. Schroffe Töne flogen zwischen uns auf. Solveig betonte, sie hätte kein Interesse daran, mit irgend jemandem jemals wieder zusammenzuziehen, auch nicht mit einer Frau, auch nicht in eine Wohngemeinschaft, sie hätte Angst, in ihrer Autonomie beeinträchtigt zu werden. Ich beäugte sie mißtrauisch von der Seite. Wäre ich bereit, um sie zu werben? Hatte ich es nicht gerade genossen, von ihr umworben worden zu sein? Daß sie ihre Bemühungen so jäh stoppte, enttäuschte mich sehr. Es schien mir, als hätte ich ein Recht darauf. Bevor die Entfernung zwischen uns jedoch zu groß wurde, fanden wir zueinander, lachten über unsere letzten Erfahrungen mit Männern, lachten auch über unsere seltsame Situation.

Erstmalig an diesem Abend kochte Solveig nicht für mich, keine Lust, sagte sie und lud mich ins Restaurant ein. Danach gingen wir tanzen. Tanzten miteinander, füreinander, daß unser Strahlen den ganzen großen Raum ausfüllte und die Männer wie Motten um uns herumschwirrten. Gemeinsam wagten wir, unsere Weiblichkeit in der Bewegung zu entfalten und zu enthüllen, wie es jeder von uns beiden allein peinlich gewesen wäre.

Auf dem Heimweg faßten wir uns an den Händen und hüpften und kreischten und kicherten. Zwei kleine Mädchen, die nach Hause gingen, um verbotene Spiele zu wagen.

Im Bett sahen wir uns in die Augen, streichelten einander, an den Haaren, den Armen, dem Rücken, dem Brustansatz, eine beklemmende sehnsüchtige Intensität. Und plötzlich platzte zwischen uns Lachen hoch, wie eine Explosion, die

die Beklemmung verschlang und Platz für Neues schuf. Wie weiter? fragte sie und setzte sich unternehmungslustig im Bett auf. Endlich gestanden wir einander, daß wir uns entsetzlich anstrengten, eine neue Art von Lust aneinander zu entwickeln, eine, die über die bisherige hinausging. Wir drucksten herum und waren erleichert, als wir herausgestottert hatten, daß unsere Lust auch darauf gerichtet war, penetriert zu werden, so peinlich es auch war, uns dies selbst einzugestehen. Daß unsere sexuelle Lust auch etwas mit der Fremdheit des Männlichen zu tun hatte, auch etwas mit ihren fremden Körpern. Und daß dennoch in unserer Liebe füreinander auch Erotik mitschwang.

Solveig sprang aus dem Bett, holte ihr Akkordeon und sang mir ein Gutenachtlied. Und dann sagte sie mit einem tiefen Seufzer: Hach, ist das schön mit dir!

Solveig ist meine beste Freundin. Ich betrachte sie mit Entzücken, ihre Haare, ihre Haut, ihren Körper, ihre Bewegungen, und ich fühle gern ihren Blick auf mir. Doch wir begehren einander nicht.

Von wegen easy, sagte sie lachend, als ich ihr von dem Gespräch in der Nachbarkabine erzählte.

Marion Kannen
Antigone

Schulen riechen alle gleich. Das heißt nicht, daß sie alle denselben Geruch haben, sondern nur, daß jede Schule nach Schule riecht. Sie riechen nicht alle nach demselben Reinigungs- oder Desinfektionsmittel, aber sie alle riechen nach irgendeinem Reinigungs- oder Desinfektionsmittel, und früher rochen sie auch nach Bohnerwachs. Und alle riechen sie ein bißchen säuerlich nach Kinderschweiß, nach abgestandenem Kinderatem – und nach Angst.

Wenn ich die Augen schließe, sehe ich die langen dunklen Flure wieder vor mir, höre das Getrappel vieler Füße, die nach der Pause in die Klassenräume laufen, immer laufen und drängen, höre das hohe Kreischen und Lachen, mit Karacho fallen Stühle um im Trubel, schliddern Schultaschen über den Boden, doch beim Eintritt der Lehrerin ist es schlagartig still. »Stand up, children!« Ihre Stimme ist hoch und schneidend, schrill. »Good morning, children. Sit down!« Vor ihren bohrenden, suchenden Blicken fürchten sich alle, sie lächelt nie, ihr Gesicht ist immer starr und streng. Jetzt hat sie eine:

»You, yes you! Stand up! Tell me your name!«

Weit hinten ist eine kleine Dünne aufgestanden und starrt die Lehrerin an. Sie versteht sie nicht. »Tell me your name, I said.« Die Stimme wird lauter und schneidender. Die Kleine sagt immer noch nichts, sondern starrt sie nur an mit weit aufgerissenen Augen. »Was ist mit dir los? Bist du taub oder stumm oder einfach nur dumm?« Die Stimme überschlägt sich vor Wut, im Raum herrscht Totenstille, die Klasse hält den Atem an. Nichts. Keine Antwort, kein Ton. Dann hören wir ein leises Wimmern und Schluchzen. Sie weint. Du lieber Himmel. Das Mädchen steht da und weint. Wir schauen nicht hin. Wie peinlich.

Jetzt kommt Freude auf bei der Lehrerin. »Ja, wenn das so ist. Da raus, rechts um die Ecke, geradeaus, das ist der Weg in den Kindergarten. Da gehörst du hin. Jetzt setz' dich.«

Dann geht sie zur Tagesordnung über. Für heute ist Ruhe, heute passiert nichts mehr. Eine mußte immer dran glauben, so jede zweite bis dritte Stunde war eine fällig. Ach ja, aus goldener Schulzeit, stand im Poesiealbum.

Die kleine Dünne wurde meine erste beste Freundin. Wir waren zehn damals, zehn oder elf.

Mit dreizehn weihte mich eine andere in die Geheimnisse der pubertierenden Teenies ein. Und viel später verliebte ich mich – in meine Lehrerin. So tief, daß ich es lange nicht wußte, so sehr, daß sie die Flucht ergriff.

Mica lernte ich in der ersten Klasse auf dem Gymnasium kennen, Sexta hieß es damals noch. Auf einem alten Kinderfoto trägt sie ihre glatten Haare ganz kurz geschnitten, die dunklen Kohleklümpchenaugen lächeln mich an, und ich weiß noch, daß sie genau so ein kleiner dünner Hering war, wie ich damals. Ein großer Makel: Klein, dünn und schmal zu sein, war gleichbedeutend mit: Noch mehr Kind zu sein als die anderen. Es ist zwar eine schwarzweiße Fotografie, aber ich erinnere mich noch genau an die neongrüne Farbe des selbstgestrickten Pullovers den sie darauf anhat, diese Farben sind heute auch wieder modern. Vielleicht war es die Tatsache, daß wir zwei solche Knirpse waren und unsere Kleidung weniger schick und teuer als die der anderen, die uns zu Außenseitern machte, vielleicht lag es aber auch daran, daß uns die Eingewöhnung in die neue Schule mehr zu schaffen machte als den anderen. Wie auch immer: Wir gehörten nicht richtig zu ihnen, aber wir gehörten zusammen. Sie, ein dunkler Typ mit ihren schwarzumwimperten Kohleaugen, damals eher still oder etwas schüchtern, und ich, mit heller Haut und roten Haaren, immer unkonzentriert und in Bewegung, redete ununterbrochen, wie ein Wasserfall. Mica wohnte in einem Reihenhaus, in einer »Siedlung«, an einem Berg, in einer anderen Stadt. Ich wohnte in einem Dorf, Bauernhöfe, kleine alte Häuser, einzelne Neubauten. »Siedlungen« gab es dort nicht. Und alles war unendlich weit fort damals, so schwer zu erreichen. Wenn ich sie besuchen wollte, mußte ich meinen Vater bitten, mich zu ihr zu bringen und wieder abzuholen. Mica hatte noch vier Schwestern, die ich auch mochte, und immer wenn ich sie besuchte, waren die Schwestern auch da. Zum Beispiel bei einer ihrer Geburtstagsfeiern, es gab Windbeutel mit Schlagsahne, eine mir bis dahin unbekannte Köstlichkeit, von der ich nicht genug bekommen konnte. Ihre Mutter erinnert sich bis heute lachend daran. Sooft ich durfte, besuchte ich Mica, und dann gingen wir ohne ihre Schwestern los, hatten uns für uns allein und waren etwas ganz Besonderes. Jede einzelne für sich und für die andere. Wir gingen Hand in Hand und versprachen uns, einander die besten Freundinnen zu sein und immer zu bleiben. Wir verbrachten köstliche, heimliche Stunden in der Kinderbücherei der Stadtbibliothek. In der aufregend flüsternden Stille suchten und fanden wir Schätze, Lieblingsbücher über Abenteuer in der einsamen Wildnis der Wälder, Tiere als beste Freunde, bahnten wir uns unseren Weg, allein. Wir wollten uns gegenseitig die Haut aufritzen, damit wir »Blutsschwestern« werden könnten, damit ihr Blut in meinen und mein Blut in ihren Adern fließen sollte. Dann wüßten wir immer, so war es jedenfalls bei Old Shatterhand und Winnetou, was die andere gerade denkt und fühlt. Und auch wenn wir getrennt wären, würden wir es wissen und bei jeder Gefahr herbeigeeilt kommen und uns helfen können. Und dann hätte sie mir so gern geholfen und konnte es nicht: Ich wurde immer unkonzentrierter und bekam schlechtere Noten. Mica drängte mich zu üben und zu lernen, damit ich nicht sitzenblieb, und ich übte und lernte und vergaß alles wieder. Und damit hatte es sich dann.

Ich mußte die Klasse wiederholen und Mica, die sich von mir verlassen fühlte, war so wütend auf mich wie noch nie. Ich weiß noch, wie sie schimpfte, und auch wie leid es ihr nachher tat. Für mich war es die größte Niederlage, mein Platz war markiert.

Mica lernte nun ohne mich Latein und saß irgendwo in einem entfernt liegenden Klassenzimmer. Sie verbrachte ihre Pausen auf einem anderen Schulhof, hatte von nun an andere Lehrer, andere Freundinnen und andere Probleme. Unsere Wege trennten sich für eine Zeit, und wir trafen uns erst viel später wieder, als wir uns beide schon für erwachsen hielten.

Nun brach zunächst ein anderes Zeitalter an: das Zeitalter von Jeans, heimlichen Zigaretten, Lehrer zur Weißglut bringen, Jungs, billigem Wein und Make-up. In diese Welt schubste mich Heike: mit Schwung ins Abenteuer. Ich trug immer noch Kinderkleider, hatte noch meinen Kinderhaarschnitt: glatte Kinnlänge, Seitenscheitel, Klämmerchen, und besaß eine einzige Schallplatte, die aber völlig out war.

Sie trug die Haare lang, bis zur Taille, lange, fein wehende Haare, dunkelblond, glatt, in der Mitte gescheitelt. Wenn sie die Brille abnahm, waren ihre Augen riesengroß, sehr lange Wimpern, ein Mädchen wie aus einem Song der Beatles: Her hair of floating sky is glimmering, shimmering in the sun. Sie lud mich zu sich ein, ein neugebautes großes Eigenheim. Stolz führte sie mich herum, ein riesiges Wohnzimmer mit cremefarbener Couchgarnitur, gegenüberliegender Schrankwand mit Hausbar. »Was willst du trinken?« fragte sie mich, ganz Dame von Welt und unheimlich erwachsen, »Martini, Eierlikör?« Ratlos betrachtete ich die Flaschen. Gin, Wodka, Kirschlikör, Blue Curacao? Sie brachte mir einen Whisky, dessen Geruch mir Übelkeit verursachte und im Mund, in der Kehle wie Feuer brannte. Mein erster Whisky, ich schlucke das Zeug, auch wenn mir die Tränen in die Augen steigen. Heike merkt nichts oder sagt jedenfalls nichts. Plaudert gelassen weiter, ganz erwachsen, ganz Dame von Welt. Was sie nur an mir findet? Sie nippt an ihrem Glas, befeuchtet die Lippen, trinkt in kleinen Schlucken, zuckt nicht mit der Wimper. Mein Kopf wird schwer und schläfrig, an ihre Schulter gelehnt schlafe ich ein. Was für eine wunderbare Freundin ich habe.

Heike kannte sich in allem, was wichtig war, schon genau aus: Wie eng die Cord-Jeans zu sein hatten, die Pullover, Mascara war für sie eine Selbstverständlichkeit, ebenso wie die Wildlederboots mit den Fransen – und sie wußte, wo sich die Teenies trafen, in der Stadt. Ich war zwischen 13 und 14, als sie mich unter ihre Fittiche nahm: »Nein, wie du aussiehst!« Mit ihr kaufte ich meine ersten Jeans, meine ersten Boots, meinen ersten hautengen Pullover (mit Fransen an Ärmeln und Ausschnitt), sie schleppte mich in die Disco, zum Frisör und verpaßte mir mein erstes Make-up.

»Laß die Hände unten und halte ganz still!« Ich versuche, die Augen weit aufgerissen zu halten unter der Tortur, der ich mich nur ihr zuliebe unterwerfe. In ihrem Badezimmer, in dem es nach allen möglichen geheimnisvollen Verschönerungsmitteln, Spezialgels- und Shampoos duftet, umgeben von Cremes und Ölen, lasse ich mich schminken. Sie hält mit einer Hand mein Kinn, während sich die andere mit dem Mascarabürstchen bedrohlich meinem Auge nähert. Ich zucke zurück. »Mach' die Augen auf, es tut doch nicht weh!« Zack, da habe ich schon 'was von dem Zeug im Auge, und es brennt wie verrückt. Zum Schluß sehe ich aus, wie ein Boxer nach einem verlorenen Kampf. Es folgen weitere Versuche mit Puder, Fluid-Grundierung, Rouge und Lippenstift, meine Panik nimmt ab und schließlich hat sich die Mühe gelohnt, finden wir. Innerhalb weniger Wochen ist aus dem großen Kind ein Teenager geworden. Aus dem Spiegel sah mir ein hübsches, süßliches, aber völlig fremdes Gesicht entgegen: Am ehesten erinnerte es mich an die Sängerin Mary

Hopkins. Aber ich hatte einen durchschlagenden Erfolg. Es schien, als wäre ich plötzlich jemand völlig anderes. Ich erweckte die Aufmerksamkeit, erhielt Komplimente, vor allem von anderen Schulfreundinnen. »Wie du dich verändert hast!« Fand ich gar nicht, fühlte mich noch genauso wie vorher, sah nur anders aus. Ich hätte nie geglaubt, daß das so ausschlaggebend war. Dann nahte der Höhepunkt der Saison, so etwas wie mein erster Ball. Heike veranstaltet eine »Fete« und lädt Jungs dazu ein. Ihre Schwester ist dabei (schon sechzehn!) und Luise, ein anderes Mädchen aus unserer Klasse. Mit Bedacht ausgewählt, eine von denen, die schon etwas erwachsener aussah: auch schon Busen, auch schon Schminke und modische Kleidung. Was wird passieren? Es darf getanzt werden mit den Jungs und sonst noch so einiges. Ich will nicht sonst noch so einiges, aber tanzen würde ich schon.

Heikes Schwester sitzt neben ihrem Freund lässig auf dem Sofa, trinkt Martini und raucht. Als ihre Mutter hereinkommt: »Amüsiert ihr euch, Kinder?«, hält sie die Zigarette unter das Sofa – »sonst kriegt sie ’nen Anfall« – man mußte auf sie immer ein bißchen Rücksicht nehmen, sie war so nervös. Da saß ich also – Mascara auf den Wimpern, gebatiktes T-Shirt, halblange gewellte Haare, Mittelscheitel – aus dem Spiegel mir gegenüber schaute mich das fremde süßliche Gesicht an, und ich langweilte mich. Mehr denn je: Wer bin ich eigentlich? Tanzen hätte mir Spaß gemacht. Statt dessen saß da einer, Heikes anvisierter »Freund«, und starrte mich immer an. Was starrt der mich denn immer so an? Was soll ich bloß tun? »Guck zurück, dann wirst du schon sehen!« Wollte ich aber nicht, so ein Gestarre von jemand, den ich nicht kenne. Soll er doch mit mir tanzen, dann können wir reden. Es ist nicht einmal ein nettes Schauen, sondern stieres Starren, ich kann da gar nicht hinsehen. Luise kennt das Spiel besser, zu dem sie herausgefordert wird. Sie starrt einfach zurück, verzieht keine Miene, bis der Typ kommt und sie zum Tanzen auffordert. So geht das also. Sie stehen auf der Tanzfläche und tanzen einen langweiligen Blues, dazu hätte ich sowieso keine Lust gehabt. Der Typ quetscht sie fest an sich, nein, das hätte mir überhaupt nicht gefallen. Heike aber imponiert, wie souverän Luise das macht. Unheimlich erwachsen, das gehört eben dazu.

Es dauerte dann nicht mehr lange, bis ich auch begriffen hatte, wie das Spiel funktioniert.

Nachdem all das aber selbstverständlicher geworden war und sich die Aufregung und das Abenteuer um das »Erwachsensein« gelegt hatte, tauchte ein neues Problem auf. Ein Gefühl großer Unruhe breitete sich aus, und ich fragte mich, ob das nun alles gewesen sei, im Leben und in der Liebe. Es war ganz deutlich, daß etwas fehlte. Mir fehlte etwas. Es fehlte etwas ganz Grundsätzliches: eine Bedeutung, eine Tiefe, eine Erklärung?

Ich muß ungefähr sechzehn gewesen sein, als Lisa auftauchte. Sie kam als neue Lehrerin in unsere Klasse, die alte hatten wir erfolgreich vergrault, weil sie uns auf die Nerven ging. Nun also sie.

Komm aus dem Dämmer und geh
vor uns her eine Zeit . . .

Leise strich die Kreide über die Tafel, der feine Staub rieselte herab und vermischte sich mit dem Staub des Klassenzimmers. Das war sie also, die Neue. Da stand sie, uns den Rükken zugewandt und schrieb ein Gedicht an die Tafel. Die beste Gelegenheit, sie zu betrachten. Ich war enttäuscht: Rein äußerlich unterschied sie sich kaum von den anderen Lehrern. Sie war groß, kräftig und vor allem älter als ich sie mir vorgestellt hatte. Schon fast vierzig mußte sie sein. Ihr ganzer Körper bewegte sich im Rhythmus der Sätze, die sie an die Tafel schrieb, der Saum ihres Kleides wippte mit. Ziemlich konventionell sah sie aus, mit der obligatorischen Kette um den Hals. Nur die Haare waren ungewöhnlich: Etwas unordentlich, ohne erkennbare Frisur, einfach kurz mit Seitenscheitel fielen sie ihr ins Gesicht. Na, wenigstens kein Dutt oder dauergewellte Betonfrisur. Als sie sich umdrehte, setzte und sich uns zuwandte, strich sie eine Strähne aus der Stirn und blickte uns direkt an, ohne etwas zu sagen. Wenn sie nicht gerade lächelte, sahen ihre Augen müde aus oder traurig –, anders als die Anderen. Von den »Anderen« gab es zwei Kategorien. Da waren einmal die »Üblichen« mit einem Durchschnittsalter von fünfzig Jahren. Sie vertraten strenge moralische Grundsätze und zeigten einen ausgeprägten Sinn dafür, wie wir Schülerinnen zu sein hätten und vor allen Dingen, wie nicht. Sie trugen wadenlange Röcke mit gleichfarbenen Twinsets, Bernsteinperlenketten und flache Schuhe mit Kreppsohlen.

In die zweite Kategorie gehörten die wenigen »Netten«. Sie waren in der Regel noch ziemlich jung und modern, meist Referendarinnen, die uns freundlich und kameradschaftlich entgegenkamen. Zu ihnen entwickelten wir schnell ein komplizenhaftes Verhältnis, sie mit uns gegen die anderen, und die, die wir besonders gern mochten, hatten leichtes Spiel bei uns mit ihren Lehrproben.

Aber zu dieser Kategorie zählte Lisa auch nicht. Dazu war sie zu konventionell, zu alt, zu distanziert und viel zu anders. Dies hier war etwas ganz und gar anderes.

Antigone
Komm aus dem Dämmer und geh
vor uns her eine Zeit
Freundliche, mit dem leichten Schritt
Der ganz Bestimmten, schrecklich
Den Schrecklichen

Abgewandte, ich weiß
Wie du den Tod gefürchtet hast, aber
Mehr noch fürchtetest du
unwürdig leben.

B. Brecht stand doch tatsächlich unter dem Gedicht, – daß wir das noch erleben durften, zynische sechzehn. Immerhin war sie moderner und mutiger als ihre Vorgängerin – ich konnte sie nicht einordnen. Und dann ließ sie uns. Sie ließ die Zügel locker und unsere Gedanken galoppierten los. Als wenn sie nur auf sie gewartet hätten. Sie ließ uns reden, reden und fragte nach. Sie war tatsächlich interessiert, wollte wissen, wie und warum wir zu unseren Ansichten gekommen wären. Sie stellte wirkliche Fragen, schien wirklich etwas wissen zu wollen. Sie wollte etwas von uns wissen. Das machte den großen Unterschied. Die versteht eben ihr Geschäft, zynische sechzehn.

Wir redeten lange über Antigone. Darüber, wie wichtig ihre klare Haltung war, ihre Treue zu sich selbst, darüber, ob Verantwortung eine bessere Waffe sein kann als Macht, über Zivilcourage und darüber, ob es »wandellose« Wahrheiten geben kann. Ich hatte einen solchen Hunger nach diesen Fragen und Antworten und Gesprächen, nach all dem, von dem ich wußte, daß es existieren mußte, auch wenn ich es nicht vorher gekannt hatte.

Und ließest den Mächtigen
Nichts durch, und glichst dich
mit den Verwirrern nicht aus, noch je
Vergaßest du Schimpf und über der Untat wuchs
Ihnen kein Gras.

Komm aus dem Dämmer und geh
vor uns her eine Zeit ...

Endlich! Sie wurde Antigone für mich. Sie redete nicht nur, sie glaubte auch, was sie sagte und lebte danach. Endlich jemand, dem wir glauben konnten, endlich lohnte es sich, in sich hineinzuhorchen, dem Nachhall der Sätze zu folgen, die sie uns vorlas.

Die Erinnerung an sie immer verbunden mit einer Gedichtzeile, einem Satz aus einem Roman. Wie glücklich ich war, daß es sie gab. Ihre Stunden waren Lichtblicke in einem Meer von Belanglosigkeit. Wie wunderbar mit ihr zu sprechen, ich fühlte mich verstanden und war einverstanden. Es war, als wenn wir immer zu den gleichen Ergebnissen kämen, wenn wir über all das sprachen: Einsamkeit, Tod, Freiheit und Liebe, ach ja.

Das Licht in dem kleinen muffigen Klassenraum fiel auf ihre linke Wange, auf meine rechte. Eine Haarsträhne rutschte ihr immer wieder ins Gesicht, während sie vorlas. Sie strich sie immer wieder zurück. Wenn sie nicht gerade lächelte, sah sie traurig aus. Was tun sie dir an. Ich las tausend Gründe aus ihrem Gesicht, das mich festhielt und mich erinnerte an etwas in mir, von dem ich noch nichts wußte – oder genauer: nichts mehr wußte. Ich glaubte, diese Frau zu erkennen, die ich doch gar nicht kannte. Eine schöne Zeit begann.

Ich wußte, daß ich sie verehrte, und daß es richtig so war. Nichts daran war außergewöhnlich, außer ihrer Person natürlich, denn schließlich bekam sie nur die Verehrung, die sie verdiente: Niemand wußte, wie wunderbar sie war, aber ich, ich hatte sie erkannt, und ich fühlte gleich, gleich wie sie.

Am Schülersprechtag war die Schule so leer wie sonst nur morgens, vor der ersten Stunde, wenn wir Fahrschüler im Winter wegen der Kälte schon sehr früh in das Gebäude gelassen wurden. Ich war den ganzen Morgen lang in der Schule herumgestrichen, immer in der Hoffnung, Lisa über den

Weg zu laufen, vergeblich. Schließlich ging ich zu ihr, stand vor der Tür, Herzklopfen bis zum Hals. Als ich hereinkam, stand sie am anderen Ende des Raumes und sah mich an. Sie kam auf mich zu: »Setzen Sie sich doch!« Dann wollte sie wissen, warum ich gekommen wäre, und ich murmelte die vorher zurechtgelegten Sätze über zuwenig Austausch zwischen Schülern und Lehrern im allgemeinen und besonderen, wie wichtig doch gegenseitiges Verständnis wäre und überhaupt, Sätze, auf die weder sie noch ich richtig achteten. Getäuscht hatte ich sie keine Sekunde lang. Als ich aufgehört hatte zu reden, war es plötzlich sehr still. Ich hatte noch das Echo meiner letzten Worte im Ohr, ohne zu wissen, was sie bedeuteten. Es verging eine schier endlose Zeit, in der sie mich ansah. »Auch ich habe gemerkt, daß wir uns sehr ähnlich sind«, sagte sie dann ernst, »und daß wir zu den meisten Themen die gleiche Meinung haben.« Sie lächelte leise und traurig und sah mich an. Ihre Augen waren blau, blau, blau und dunkel, ihre Stimme so weich, daß mir jedes Wort weh tat.

»Ich weiß, daß Sie mich mögen, und ich bin froh darüber.« Ihre Worte hallten endlos in mir wider, denn seit sie angefangen hatte, so mit mir zu sprechen, sah ich nur noch diese Augen, dieses Gesicht und hörte nur noch diese Stimme. Wie betäubt konnte ich lange nicht antworten, so glücklich war ich, konnte sie nur ansehen und hörte kaum noch, was sie sagte. Irgendwann klopfte jemand an die Tür. Ich stand mechanisch auf, wie im Traum, doch meine Glieder kamen mir wie steifgefroren vor und wollten sich nicht regen. Was war denn? Ich kam erst wieder zu mir, als ich vor der Tür stand. Nur den einen Satz von ihr hatte ich noch verstanden, ich könne auf sie warten. Ich versuchte zu gehen und wartete darauf, wieder festen Boden unter den Füßen zu spüren. Was war denn nur. Der verehrungswürdigste Mensch unter der Sonne hatte mir gesagt, daß ich für sie etwas Besonderes war, ja, daß wir uns ähnlich, ähnlich waren. Wie wunderbar! Wie wunderbar, daß es sie gab, wie wunderbar, daß es so war, wie wunderbar von ihr, es mir zu sagen. Ich spürte ein Summen unter meinen Füßen: Die Erde sang. Als sie dann kam, gingen wir nebeneinander und redeten, redeten, als wenn es nie anders zwischen uns gewesen wäre. Es war, als wäre ich bisher stumm gewesen, als wäre sie der erste Mensch, der mit mir sprach. Es schien, als hätten wir uns so viel zu sagen, daß es nie aufhören würde, so könnte es immer weitergehen.

Wir trafen uns häufiger, immer wenn sie irgend Zeit hatte.

Ich erinnere mich an einen Theaterbesuch mit ihr: Bekett, Glückliche Tage. Wie still wir waren nach dem Stück, weil es danach nichts zu sagen gab, was nicht furchtbar banal und überflüssig geklungen hätte. Wie sie dann von einer Freundin erzählte, die nach dem Stück meinte, wie gut es sei, einen Gott zu haben, an den man sich halten könne. Und dabei lächelte sie leise und traurig, wie das so typisch für sie war, und ich wußte genau, wovon sie redete. Und sie wußte, daß ich wußte und immer so weiter. Ich fühlte den Stich im Herzen und war furchtbar glücklich.

Wir schrieben uns oft, auch in den Ferien, Grüße im Schnee, nasse Grüße von der Nordseeküste im Herbst. Noch häufiger telefonierten wir, stundenlang, Freund und Mutter wurden eifersüchtig: diese Telefoniererei immer, ich blockiere die Anrufe.

Wir sahen zusammen einen Film im Kino, sie schrieb dann: Nie wieder gehe ich ins Kino ohne Sie. Die Erde fing an zu singen, und es war wunderbar.

Dann änderte sich etwas. Nach einiger Zeit fing ich an, sie zu brauchen. Ich lebte nur noch für die Zeit, in der ich sie sehen, mit ihr sprechen konnte. Wenn das Wochenende nahte, war ich unglücklich, weil diese Tage ohne sie und damit leer waren. Und sie wußte es.

Das war der Anfang vom Ende.

Ein Samstag im Spätsommer vor den Herbstferien. Ich wußte, ich würde sie eine ganze Woche lang nicht sehen können. Der Physiklehrer, ein verwirrter, freundlicher kleiner Mann, erzählte ständig dumme Witze unter dem Vorwand, den Unterricht interessanter gestalten zu wollen. Trostloser denn je erschien mir der alte Physiksaal, nichts hier interessierte mich. Ich thronte hoch oben in der letzten Reihe eines hölzernen Amphitheaters und spendete dem einzigen Schauspieler ab und an gnädigen Beifall. Von Zeit zu Zeit sah ich hinunter auf den staubigen Schulhof, die gläsernen Türen des Schulgebäudes, in denen sich die Sonne spiegelte. Dann sah ich sie. Sie ging langsam über den Schulhof, war auf ihrem Weg zum Bahnhof. Ich wußte genau, von welchem Bahnsteig sie abfahren würde. Ich mußte sie noch einmal sehen, packte meine Sachen und flog ihr hinterher, ohne zu denken. Sie stand weit hinten, abwesend in Gedanken versunken, so schien mir, zum Glück allein. Froh, sie erreicht zu haben, ging ich den Bahnsteig entlang auf sie zu. Doch sie sah mich überrascht und erschrocken an, gab mir nur kurz die Hand und sagte kaum etwas – dann war auch schon ihr Zug da, ein verkrampftes Lächeln, auf Wiedersehen.

Später dann ihr Anruf, sie war ernst und aufgebracht. Wie ich so etwas habe tun können: die Schule zu schwänzen. Auf dem anderen Bahnsteig hatten Kollegen gestanden. Die kennen meinen Stundenplan und kriegen das doch mit. Ich bringe sie in Teufels Küche. Ich kann doch nicht einfach den Unterricht schwänzen, und das wegen ihr, und alle kriegen das mit. Ob ich denn, und warum ich denn nicht nachgedacht hätte. Ja. Nein. Hatte ich nicht. Hatte ich nicht. Keine Vorstellung, warum sie sich über die aufregte, warum das denn alles so schlimm war.

Damit fing das Ende richtig an. Wir sahen uns immer seltener und fast nie mehr allein. Sie rief seltener an, schrieb weniger, sprach weniger und anders mit mir. Sie schien den Unterschied nicht zu bemerken. Ich litt. Eine traurige Zeit begann. Sie vergrößerte die Distanz zwischen uns. Unausgesprochen ging sie immer weiter zurück. Nur gelegentlich etwas, das nicht dazu paßte: ein Band mit Liebesgedichten als Geschenk für mich. Der Kontakt zu ihr hielt sich noch lange, obwohl sich die Distanz weiter vergrößerte. Sie wollte es so. Jahre später glaubte sie, daß da gar nichts Besonderes war zwischen uns damals.

Und vielleicht stimmt das sogar, und es ist gar keine so besondere Geschichte. Die Wahrheit ähnelt ohnehin, und in dieser Geschichte besonders, einer dieser ineinander geschachtelten russischen Puppen: Immer wenn ich glaube, ich hätte nun die eine, letzte und richtige Version gefunden, gibt es wieder noch eine dahinter. Und noch eine und noch eine und immer so weiter. – Es sei denn, man setzt einen Punkt.

Bettina Mankowski
angestaut

Evelyn hatte die Musik lauter gedreht und trommelte mit den Fingern den Takt auf das Lenkrad: »Es ist jeden Morgen dasselbe; sobald wir auf die Autobahn kommen, stehen wir im Stau!«

Schalten, Anfahren, Abbremsen, Auskuppeln.

Der Tag hatte schlecht begonnen. Als Evelyn mit frischen Brötchen zum Frühstück erschien, war ich erst zwei Minuten wach.

»Du hast mal wieder verschlafen«, stellte sie mit einem teils mahnenden, teils verzeihenden Unterton fest. Evelyn hatte die Tür aufgestoßen und war an mir vorbei, noch bevor ich etwas zu meiner Entschuldigung sagen konnte. Der Geruch ihres schweren Parfums zog sich wie ein unsichtbarer Schleier durch den Flur; ich folgte ihm in die Küche. Hier kannte Evelyn sich bestens aus.

Es kam oft vor, daß ich verschlief oder zumindest so müde war, daß ich es nicht schaffte, den Tisch zu decken. Insgeheim verließ ich mich sogar darauf, daß meine gutmütige Lyn, wie ich sie nannte, für rechtzeitiges Wecken und einen starken Kaffee sorgen würde. Manchmal verstellte ich den Wecker absichtlich um eine halbe Stunde, um mich noch eine Weile der Wärme unter der Daunendecke hingeben zu können ... bis es an der Tür schellte; an diesem Morgen besonders früh.

Irritiert stand ich an den Türrahmen gelehnt, beobachtete, wie sie Schal und Mantel über einen der Stühle warf.

»Warum bist du schon so zeitig auf?«

»Hast du vergessen, daß wir diese Woche den Lehrgang in ›Selbsterfahrung‹ machen müssen? Eine Woche, zwölf Teilnehmer, ich habe auf die Liste gesehen, nur Idioten«, erklärte sie mir mürrisch. Mit der Tasse Kaffee in der Hand schob sie mich in Richtung Badezimmer: »Beeil dich!«

Der Stau ging in zähfließenden Verkehr über. Ein Lastwagen fuhr so dicht auf, daß der Kühlergrill bedrohlich groß in der Heckscheibe erschien. Lyn trat kurz auf die Bremse, die Rücklichter leuchteten auf. Der Fahrer erschrak, bremste seinerseits ab und ließ sein Horn ertönen.

Je näher der Beginn des Lehrgangs rückte, desto aggressiver wurde Evelyn. Mit den Worten »Ich bin froh, daß du in meiner Gruppe bist«, versuchte sie sich zu beruhigen. »Alleine würde ich diese Psycho-Kiste wahrscheinlich nicht durchstehen. Das ist mir alles zu ... nah! Ich hasse das! Fremde Leute, die in meine Intimsphäre eindringen wollen. Werde mich nur an dich halten, o. k.?«

Ich nickte. Es war mir mehr als recht.

Die anderen Teilnehmer saßen in einem Stuhlkreis und stellten sich anhand eines persönlichen Gegenstandes vor, als wir den Raum betraten.

»Sie sind spät dran. Da wir nicht mehr mit Ihrem Erscheinen gerechnet hatten, haben wir bereits angefangen«, begrüßte uns die Dozentin rauh und deutete auf zwei Stühle, die sich im Kreis gegenüberstanden. An Evelyns Blick konnte ich ablesen, wie sehr es ihr mißfiel, einen Platz außerhalb meiner Reichweite einzunehmen.

Die Dozentin fuhr mit der Vorstellungsrunde fort. Neben Lyn kramte ein schwergewichtiger Student eine Konzertkarte aus seiner Lederjacke und erklärte: »Ich bin Oliver, meine Freunde nennen mich Olli. Um mich vorzustellen, hab' ich 'ne Konzertkarte aus der Tasche gezaubert. Ich bin nämlich Heavy-Metal-Fan, besonders The Virgin Church, und genau die Band spielt am Samstag, sozusagen als Ausgleich für ...«

Ich hörte nicht zu, sah Lyn an: Eine androgyne Frau mit

grünen Augen, blassem Teint und kurzen, schwarzen Haaren. Auf einer Sylvester-Party lernten wir uns eher unfreiwillig kennen: Ihr Freund wollte sie für eine halbe Stunde los sein, um mit meinem Auto zur nächsten Tankstelle zu fahren.

»Das ist der einzige Laden, der noch Bier verkauft. Der Kasten ist leer, wir haben uns verschätzt, Schatz. Kümmere dich doch bitte um Markus' Freundin, sie sieht es nicht gern, wenn er sich mal was gönnt.« Er sagte immer ›Schatz‹, wenn er etwas wollte. Lyn hockte vor meiner Plattensammlung und suchte sie nach tanzbaren Stücken ab.

»Wir teilen dasselbe Schicksal: Soeben verließen uns unsere Männer.« Ein Eröffnungssatz.

»Wenn ihnen nichts Besseres einfällt als Bier zu trinken und pseudo-intellektuelle Gespräche über Marx oder den Einzug des Kabelfernsehens in deutsche Haushalte zu führen . . .«

Wir lästerten den restlichen Abend über die anderen Party-Gäste, amüsierten uns über ›dinner for one‹ und stellten eine gemeinsame Vorliebe für lange Waldspaziergänge und griechisches Essen fest. Dies reichte aus, um zu Neujahrsbeginn ›Schwesternschaft‹ zu trinken. Wir hatten viel Spaß und verärgerten unsere Freunde, weil wir uns gegen zwei Uhr in mein Bett zurückzogen, niemanden zu uns ließen und bis in den Morgen hinein redeten und viel zu laut lachten.

Evelyn zwirbelte den kleinen geflochtenen Zopf in ihrem Nacken zwischen den Fingern und wirkte ebenso abwesend wie ich. Ihr Nachbar stieß sie leicht an und wies sie darauf hin, daß sie nun an der Reihe wäre.

»Der Gegenstand in meiner Hand ist ein alter Kolbenfüller«, erklärte sie. Ein Geschenk ihrer Großmutter, zu der sie eine starke Bindung hatte.

Mit diesem Füller schrieb Lyn ihre Gedichte. Ich hatte

nicht damit gerechnet, daß sie einen so persönlichen Einstieg wählen würde. Als ich aufsah, fixierte mich ihr Blick, suchte Halt in meinem und übte einen vertrauten Reiz auf mich aus.

Durch das Studium hatte sich unsere Freundschaft gefestigt, wir lernten und organisierten, planten und träumten miteinander. Da ich näher an der Universität wohnte, zog Lyn es meist vor, während der Woche bei mir zu übernachten. Seit ich mit Ralf Schluß gemacht hatte, stand uns bei mir ein gemütliches Doppelbett zur Verfügung, und Lyn fühlte sich schnell heimisch.

Ihr Freund hatte sie daraufhin in einem heftigen Streit zur Rede gestellt. Er konnte es nicht ertragen, sie nur an den Wochenenden zu sehen.

Sie hatten sich längst wieder vertragen, als Evelyn unerwartet die Beziehung beendete und noch am selben Abend bei mir auftauchte.

Die Art, wie diese große, stark wirkende Frau sich weinend in meinen Arm legte und mir sagte, »so ging es mit Markus einfach nicht mehr weiter«, die Art, wie sie mir in diesem Moment fest in die Augen sah, hatte etwas in mir angerührt, eine Saite angeschlagen, die lange Zeit tief und voll nachhallte.

In der Pause setzte Evelyn sich zu mir. Die junge Frau, die sie somit von ihrem Stuhl vertrieben hatte, nahm ärgerlich den Platz neben Olli, dem Heavy Metal, ein. Lyn flüsterte mir ins Ohr: »Unsere Dozentin heißt übrigens Hacke, und der Ruf eilt ihr voraus: Hacke ist Kacke.«

Ich brach in lautes Gelächter aus und erntete von Frau Hacke einen bösen Blick. Sie verkündete daraufhin das Ende der Pause und sammelte die Studenten ein, die noch mit dem Kaffeeautomaten auf dem Flur kämpften.

»Paß auf, jetzt wird es bestimmt doppelt hart«, grinste Lyn. Sie war aufgetaut.

Frau Hacke sortierte ihre Unterlagen und fuhr fort: »In

der zweiten Hälfte dieses Morgens möchte ich euch für euer Gegenüber sensibilisieren. Ich möchte, daß ihr euch hinterfragt. Wie ist das, Bürosituation? In einem Gespräch läuft eure Wahrnehmung primär über die Augen und Ohren ab, ihr seht einen Gesprächspartner hereinkommen, sei es nun ein Klient oder ein Kollege, und begrüßt ihn verbal, eventuell gefolgt von einem Händereichen oder einer Geste, die ihm einen Platz anbietet. Aber was wäre, wenn ihr euer Gegenüber anders erfahren könntet? Ich möchte nun ein kleines Experiment mit euch machen, in dem ihr euch be-greifen sollt.«

Lyn erahnte eine unangenehme Situation, beugte sich auf dem Stuhl nach vorn und hörte angespannt zu.

»Ich möchte einige von euch bitten, sich die Augen zu verbinden. Sie werden sich im Raum umhertasten und einen Partner oder eine Partnerin suchen. Das Gegenüber darf nicht sprechen, sich nicht zu erkennen geben. Diejenigen, die die Augen verbunden haben, sollen allein durch das Abtasten herausfinden, wer die anderen sind.«

Lyn sah mich entsetzt an. Sich berühren zu lassen, gehörte zu ihren größten Tabus.

»Ich lasse mich auf gar keinen Fall anfassen!« protestierte sie und erhob sich langsam, die anderen Studenten musternd, von ihrem Stuhl.

»Dann mußt du dir die Augen verbinden lassen und dir selbst jemanden suchen«, schlug ich ihr leise vor und sah sie eindringlich an; sie hatte im letzten Jahr einen Lehrgang nicht bestanden, weil sie in einer ähnlichen Situation schimpfend den Raum verlassen hatte. Um in die Endprüfungen gehen zu können, brauchte sie endlich die Bescheinigung für dieses Seminar.

Ich holte eine rote Augenbinde, trat schmunzelnd vor sie und flüsterte ihr zu: »Ich kenne dich, du wirst so lange suchen, bis du mich gefunden hast.«

»Wie könnte ich dich verfehlen?«

Als alle Augenbinden angelegt waren, wies die Dozentin den ›Sehenden‹ weit im Raum verteilt feste Plätze zu; die ›Blinden‹ irrten tastend umher. Manche fanden ihr Gegenüber durch einen Zusammenstoß, andere waren wählerisch und blieben nicht gleich bei ihrem ersten Findling.

Lyn breitete ihre Arme wie Flügel aus und wandelte durch die Menge, einem inneren Kompaß folgend. Berührte sie dabei jemanden, so genügte ihr ein kurzer Moment, um festzustellen, daß ich es nicht sein konnte.

Bei mir angelangt, als könne sie doch etwas sehen, legte sie ihre Hände um meinen Hals und zog eine Kette mit einem Anhänger hervor. Zielstrebig ertastete sie seine Umrisse und erkannte ihn als die alte Münze, die sie mir aus ihrem letzten Griechenland-Urlaub mitgebracht hatte.

Ein Lächeln umspielte ihren Mund, bevor er wieder schmal und ernst wurde.

In die Ruhe des Suchens und Findens hinein sprach Frau Hacke eine Anweisung: »Wenn ihr jemanden gefunden habt, kniet euch hin. Ertastet seine Züge genau.«

Vorsichtig half ich Evelyn auf die Knie hinunter und setzte mich im Schneidersitz vor sie.

Ihre Hände ruhten eine Weile auf meinen Knien, dann strichen sie über meine Oberschenkel, die Hüften hinauf, an den Armen entlang bis zu meinem Nacken.

In ihren Berührungen lag eine Zärtlichkeit, mit der ich nicht gerechnet hatte. Ich wurde nervös.

»Was ... ich meine, du kannst doch nicht ...«

Frau Hacke sah auf und ermahnte uns, nicht zu sprechen.

Lyn legte sanft ihren Finger auf meinen Mund, um mich zum Schweigen zu bringen, ließ ihn an meinem Hals entlanggleiten und fühlte meinen Puls; er verriet mich, war schneller und kräftiger als sonst.

Seltsamerweise war ich weniger überrascht, daß sie ›so

weit‹ ging, ich war eher verwirrt aufgrund der Tatsache, daß sie dies ›in aller Öffentlichkeit‹ wagte.

Ich sah mich verstohlen um; irgendwer müsse doch spüren, daß diese Berührungen sich von denen bloßer Freundschaft unterschieden.

Die anderen Studenten schenkten uns keine Beachtung. Eine bisher gut verdrängte Ahnung stieg in mir auf, als Lyn auf Frau Hackes Anweisung hin ihre Binde von den Augen nahm und erwartungsvoll, aber unsicher zu mir hinabblickte.

In der Auswertungsstunde hatten wir die Gelegenheit, uns über unsere Erfahrungen zu äußern.

Lyn nutzte einen Moment, in dem betretenes Schweigen herrschte. Sie deutete auf mich und sagte: »Wir hatten die Chance zu einer neuen Dimension unserer Freundschaft.«

Ich wußte, daß sie so etwas sagen würde, und ergänzte: »Es hat mir gezeigt, wie wenig wir selbst nach vier Jahren Freundschaft darüber wissen, wer wir sind und was wir voneinander wollen.«

Die meisten Studenten nickten, ohne zu verstehen, worum es hier ging, und sprachen dann von sich.

Meine Äußerung schien Lyn einen Stich versetzt zu haben. Sie sah demonstrativ in eine andere Richtung. Lediglich Frau Hackes forschender Blick traf mich immer öfter, und ich war froh, als der Gong das Ende des ersten Seminartages verkündete. Lyn jedoch erschrak und ließ ihren wertvollen Füller fallen. Ich hob ihn auf und reichte ihn ihr, ließ ihn aber nicht los, als sie danach griff.

»Fährst du nach Hause?«

Sie senkte den Kopf: »Ich wollte eigentlich . . .«

». . . mit zu mir?« fiel ich ihr ins Wort.

»Wir sind noch nicht fertig!« sagte sie unwirsch, zog mir den Füller aus der Hand und warf ihn in ihre Tasche.

Auf der Rückfahrt füllte sich das Auto mit erdrückendem

Schweigen. Ich öffnete das Fenster und lies den Lärm der Straße hinein. Erst als wir vor meinem Mietshaus hielten, erhob sich Lyns Stimme über den Krach einer Baustelle:

»Ich komme noch mit zu dir hinauf, o. k.?«

Ihre Frage ließ keinen Widerspruch zu. Ich ging voraus.

Noch nie hatte ich Evelyns körperliche Präsenz als so bedrohlich empfunden. Aber was bedrohte sie? Meine Werte? Meine Standhaftigkeit?

Ich ließ den dunklen Flur so schnell wie möglich hinter mir und flüchtete vor ihrer Wahrheit in die helle Küche.

»Möchtest du einen Kaffee?« fragte ich, um hinauszuzögern, was ich erwartete. Als sie nicht antwortete, drehte ich mich zu ihr um.

In ihren Augen lag ein offenes, ehrliches Verlangen nach mir; es war nicht so, daß sie etwas von mir forderte, vielmehr wollte sie mir alles geben, was in ihr auf mich gewartet, sich in ihr angestaut hatte.

»Verdammt, was willst du?«

Ich hatte mich im Tonfall vergriffen, und Lyn reagierte. Wie bei einem Vulkan, der lange Zeit unter der Erdoberfläche gebrodelt hatte, kam es zu einem Ausbruch.

Sie griff ein Glas, wußte nicht, wie sie sich aus der Situation winden, wie sie das Blatt für sich wenden sollte, warf es an die Wand, es zerschellte, die Splitter prasselten auf die Arbeitsfläche neben dem Herd.

Verzweifelt und wütend zugleich packte sie mich, ließ mich aber gleich wieder los, drehte mir den Rücken zu und ging zum Fenster.

»Wir können nicht zurück.«

Von meinen Gefühlen verunsichert, wich ich ihr aus, ließ Tisch und Stühle zwischen uns, als Schutzwall vor weiteren Ausbrüchen, vor meiner Neugier.

Ich konnte ihre Anziehungskraft nicht leugnen.

»Ich weiß schon gar nicht mehr, wo mir der Kopf steht«,

hörte ich mich sagen, und es klang wie ein Eingeständnis.

Endlich drehte sie sich zu mir um. Ihre hellgrünen Augen starrten eine Weile auf den Scherbenhaufen, der das Licht der Wintersonne brach, dann sahen sie mich verlegen an.

»Ich will dich nicht verlieren ... und ich will mehr von dir.« Langsam kam sie um den Tisch herum, näher, hautnah, ihr Gesicht direkt vor meinem, ihre fiebernden Hände ergriffen meine. Neben meinem Ohr ihr Mund, leise Worte, ein Versprechen, ich nickte. Erstaunt hielt sie einen Moment inne.

Ich überließ es ihr, den Mut für den nächsten Schritt zu sammeln.

Ihre Lippen legten sich heiß und trocken auf meinen Hals, wurden mit jedem Kuß feuchter, sanfter.

Sie überschritt meine Grenzen, ich hielt still, analysierte mit klarem Verstand die Gefühle, die sie mir bereitete: Neugier und Wut, Lust und Schmerz. Mit einem Ruck stieß ich sie von mir, holte sie aber gleich wieder in meine Arme zurück, als ich ihren erschrockenen und verletzten Blick sah.

»Verzeih.«

Sie nickte.

»Du bist meine beste Freundin, ich kann doch nicht ...«

»Ich bin mehr als das. Ich bin eine Frau. Und ich habe keine Erklärung, weiß nicht, wie es kam, aber ich habe mich in dich verliebt. Mir darüber klar zu werden, hat mich viel Kraft gekostet, aber nun kann ich nicht anders, als dazu zu stehen. Komm schon ... und jetzt erzähl mir, warum du all dies zuläßt, wenn du es nicht willst!?«

Ich schwieg. Sie hatte mich gestellt. Ihre Mischung aus Schüchternheit und Fordern lockte mich in mein Schlafzimmer. Sie legte sich auf mein Bett, schlug die Decke zurück und klopfte mit der Hand auf die freie Stelle.

»Weißt du eigentlich, daß ich jeden Typen für eine so dreiste Anmache vor die Tür setzen würde?«

»Wie gut, daß ich kein ›Typ‹ bin«, kokettierte Lyn und lachte.

»Der Ernst der Lage gerät ernsthaft in Gefahr«, witzelte ich mit gespielt bösem Blick und legte mich zu ihr. Sie kitzelte mich und ich rief um Hilfe, bis sie mich erlöste.

»Wir benehmen uns wie alberne kleine Kinder«, brummte ich.

»Heute ist alles erlaubt«, konterte Lyn und beugte sich über mich. Ich zog sie an mich, bis ihr Körper auf meinem ruhte, und küßte sie.

Die Glocke läutete den Beginn des zweiten Seminartages ein. Frau Hacke verlas die Teilnehmerliste. Die Studenten nahmen ihre Plätze ein.

Zwei Stühle blieben leer.

Irmtraut Petersson
Die blonde und die schwarze Traudel

Ich bin keine Chronistin. Und das Nachfolgende ist keine Chronik über Freundschaft und Liebe. Ich bohre, wühle, trage ab, dringe vor, stehe sozusagen in direkter Traditionslinie zum Berufsstand der Archäologen. Oftmals kommen die Grabungsarbeiten nur mühselig voran, manchmal erinnern sie mich regelrecht an das Aufbrechen eines Tresors. Doch bin ich immer wieder neugierig zu erfahren, ob an jenem Ort Kostbarkeiten (ein Schatz) lagern, die es vor der barbarischen Welt zu bewahren gilt oder Geheimdokumente, die lebenslänglich der Geheimhaltungspflicht (top secret) unterliegen und das Licht scheuen, weil sie Dokumente von Unsäglichkeiten, ja Seelenmord beinhalten. Mir liegt also nicht daran, Geheimnisse zu hüten, sondern sie als Spekulationen, Vermutungen über Verborgenes zu benutzen, die meinen Geist erregen und geschmeidig halten, völlig unabhängig vom Wahrheitsgehalt. Man erwarte von mir also auch keine Aufklärungsarbeit. Die Wahrheit ans Tageslicht zu befördern, ist langweilig. Ich behalte mir aber vor, großräumig, aus- und abschweifend, auf den Grund der Dinge zu stoßen, ohne die dunklen Ecken des Vergessens oder schmucklosen Winkel der Erinnerung auszulassen. So wie Mumien rasch unter Licht zerfallen, so zersetzt sich Wahrheit, bei Lichte besehen, zu nichtssagenden Fehlern, Störanfälligkeiten, den sogenannten Verhaltensstörungen. Übrigens ist die (Abfall-?)Deponie von ungleichen Paaren mein Spezialgebiet. Ihre unterirdischen menschlichen und unmenschlichen Spuren erweisen sich in gewissen Regionen manchmal als erstaunlich überirdisch, um nicht zu sagen göttlich.

In unserem Fall handelt es sich um eine ganz besondere Paarung, weder um Erwachsene, noch um Mann und Frau, sondern um zwei Mädchen. Es reizt mich besonders, bis zur untersten Schicht vordringen zu müssen, von der aus das spätere Wesen (und Unwesen) der Liebe gemeinhin die Fähigkeit, Liebesfähigkeit bezieht, Kraftfelder aufzubauen. Zu untersuchen sind – buchstäblich – zwei Menschen-Kinder im paradiesischen Zustand der Arglosigkeit. Ein unergiebiger Stoff? Ob die Residuen interessant genug für eine ausgiebige Betrachtung sind, wird sich zeigen, die Methode einer fragmentalen Optik ist es für mich auf jeden Fall. Mir ist dabei aber kein freies Verfügungsrecht zugesprochen worden. Ich bin nur ein Gut-Achter mit eingeschränkter Befugnis, die mir von einer der beiden, inzwischen erwachsenen Mädchen erteilt wurde. Welche der beiden, wird sich sogleich ganz nebenbei wie von selbst mitteilen. Meine Auftraggeberin hegt Erwartungen, die zu erfüllen sie selbst nicht willens und in der Lage ist: den objektiven Beweis einer ›fundamentalen Freundschaft‹. (Geschichts)Kittung lehne ich ab, denn ich bin kein Restaurator oder gar Reparateur. Und: Meine Erwartungen sind grundlegend anderer Natur als die ihren: Sie sucht Ergebnisse, ich aber suche Wege. Ich beginne mit der Abtragung einzelner Sedimente.

Erste Schicht:
Die beiden Traudels

Das erste An-Zeichen einer Gemeinsamkeit zwischen den beiden Mädchen, auf die ich stoße, ist ihr Vorname:

Namenszwillinge! Dem ist nachgeholfen worden, das sehe ich sofort, der Fremdeinfluß ist noch heute ablesbar: Im leutseligen Ton der sächsischen Umgangssprache ist der einen das gestelzte GER- (Gertraude), der anderen das förmliche IRM- (Irmtraut) erlassen und ihnen ein gemeinsamer Diminutiv angehängt worden. Eine gängige Gefälligkeit. Zu überhören, aber nicht zu übersehen die unterschiedliche Schreibweise: Bezeichnenderweise war der VOR-Name als RUF-Name einheitlich, als EIGEN-Name aber unterschiedlich genug: Der eine wies sich beharrlich mit einem Stütz-T (Trautel) aus, der andere bestand unbeirrbar in der Mitte aus einem ›babschen‹ – wie man alles Weiche im Sächsischen zu nennen pflegt – D; war also die TrauDel. Hinweise, wenn auch nur vage, auf das Karge einer schlesischen und das Biegsame, ja Anpassungsfähige einer sächsischen Mentalität. Dieser kleine Unterschied allein, in Kinderschrift auf Schulheften, könnte Auskunft geben über eine beiden gleichermaßen eigene Eigenständigkeit und Inständigkeit, mit der sie ihre Freundschaft bereits im Vorfeld – im VOR-Namen, getrennt *und* verbunden, quer durch die ganze Kindheit hindurch erprobten. Schwarzweiße Amateurfotos mit geriffeltem altmodischem weißen Rand bestätigen es: Einmal beide Hand in Hand, die Arme im Übermut so schwungvoll weit ausholend, daß sie sich beinahe wie eine Luftschaukel zu überschlagen drohen, wäre da nicht die anatomische Schranke im Schultergelenk gewesen. Oder: Die beiden, die kleinen Finger ineinandergehakt (oder gar ineinanderverhakt), noch ein anderes Miniaturfoto, auf dem kaum etwas zu erkennen ist außer fliegenden dünnen Mädchenkörpern, die eine läuft – bezeichnenderweise – der anderen hinterher, oder: beide lachend, sich frontal der Kamera ausliefern/entgegenstellen/hingeben? Arm in Arm – entweder um die Schultern oder um die Hüften gelegt, auf jeden Fall umschlungen, miteinander verschlungen. Trautel und Traudel. Hintergrund: Wiesen, Obstbäume, Gartenlandschaft oder -kultur. Es sieht wie ein perfekter Kindertraum aus der Bilderbuchidylle aus: springende, tollende, fröhliche, sich innig verbunden fühlende Kobolde. Darin waren sie sich scheinbar völlig einig gewesen: Wild, unbändig, jungenhaft sollte es in *ihrer* Welt zugehen – ein Kindheitsmuster ohne Puppen, Puppenwagen, Puppenstube. Die Zöpfe / Affenschaukeln vorzeitig einem Bubikopf geopfert, die süßen schonungsbedürftigen Sommerkleidchen mit Shorts vertauscht. Der ausgeprägte Sinn für das Kesse, Freche, Virulente, ein Aushecken von Streichen wird ihre Zu-Neigung zueinander unterstützt haben. Daß es zwischen ihnen häufig unbändig, ja räudig zugegangen sein muß, ist ihnen auf den Fotos nicht ohne weiteres anzusehen, denn fotografischer Dilettantismus, Klein-Format, Grau-Stich und Gilb beeinträchtigen einen tieferen Einblick in ihre Konstellation. Ihrer Neigung zum Tollen und Toben kam die Natur, in der sie aufwuchsen, großzügig, ohne Einschränkung entgegen. Obstplantagen – da ließ sich gut und gerne Kirschen klauen und essen, stabile alte Bauerngehöfte, da wurde über Zäune und Mauern geklettert, zwischen Berg und tiefem, tiefem Tal – da ließ sich im Sommer Blumen pflücken, auf Bäume klettern, Höhlen bauen, im Winter die Berge hinunterschlittern, Schlitten fahren. Ihr Bewegungsdrang war grenzenlos, heftig. Ein idealer Platz zum Austoben, Lautsein. Er wurde bedenkenlos genutzt. Ihre spitzen Gesichtchen atmen im selben Rhythmus wie die Bäume, Sträucher, die Sonnenflecken (Licht-Punkte?) auf ihren Knien.

Zweite Schicht:
»Die blonde und die schwarze Traudel«

So wurden sie genannt, unwiderruflich. Sogar die verblaßten Schwarzweiß-Fotos lassen erkennen: Ihr Aussehen wie Tag und Nacht: Die eine rötlich-blonde, die andere dunkle Haare, die eine mit sonnenempfindlichem, blassem Teint, die andere mit beinahe südländischer Schutzhülle ausgestattet, die eine blickte mit blaugrünen Katzenaugen unverhohlen, die andere mit samtbraunen Sternaugen verstohlen in die Welt. Aber die äußeren Merkmale allein können es nicht gewesen sein, die zu einer, fast möchte man sagen legendären Begriffsbildung geführt hat, die auf den ersten Blick erst einmal bestätigt, daß beide von der Umgebung als eine Einheit akzeptiert worden waren. Da stoße ich auf einen Brief von der blonden an die schwarze Trautel:

»Nimm es mir bitte, bitte nicht übel, meine liebe Freundin. Ich halte zu Dir. Ich schwöre es Dir. Ich habe furchtbar geheult und meiner Mutter gesagt, saß Du keinen schlechten Einfluß auf mich ausübst. Bitte, bitte glaube mir...« Da zeigt die unbekümmerte Schwarzweiß-Malerei von der blonden und der schwarzen Traudel für mich deutlich ihre Schattenseite. Ein hintergründiger Symbolcharakter, der nicht nur ein unterschiedliches Aussehen in einer prägnanten Formel festhält, sondern zusätzlich ihr Wesen zum Ausdruck bringt und obendrein völlig einseitig bewertet.

Offensichtlich war mit der Zuordnung der Attribute ›blond‹ und ›schwarz‹ durch die Welt der Erwachsenen Unvereinbares zusammengefügt, heimlich aber unschuldig Zusammengefügtes wieder ordnungsgemäß separiert worden – in einem Atemzuge! Sie hat unausgesprochen die Grenzüberschreitung der schwarzen Trautel in den Hoheitsraum der blonden Traudel, wenn schon nicht verhindert, so doch kenntlich gemacht und sie mithin in ihre herkömmlichen (sozialen?) Schranken verwiesen. Aber ich greife mit einer Interpretation der Fundstücke vor. In einer unauffälligen Zwischenschicht entdecke ich plötzlich zwei bunte Namenssplitter: ›Träutsch‹ und ›Trautsch‹: ›meine liebe Träutsch‹, ›meine liebe Trautsch‹, lese ich als Anrede und Unterschrift auf Geburtstagskärtchen ›meiner geliebten Freundin ... Deine Träutsch‹. So haben sich die beiden ihre

Namen gegen- und wechselseitig Trautsch und Träutsch – unzählige Zettelchen, Kärtchen, Postkarten belegen es – wie Spielbälle zugeworfen, ohne daß ein Erwachsener aus dem Umkreis jemals den Ball aufgefangen und zurückgegeben hätte. Mein Verdacht einer tiefergreifenden Fixierung durch die unterschiedlichen Beifügungen blond und schwarz für einen unterschiedlichen sozialen Hinter- und Untergrund läßt sich belegen. Aus den Geburtsurkunden springt es mir entgegen: Der Geburtsort von Gertraude: Dresden. Die Herkunft von Irmtraut: Schlesien. Da der Tatort der idyllische Stadtrand von Dresden im Nachkriegsdeutschland ist, läßt sich unschwer erraten, daß sich die Zuordnung blond als ›gut‹ (ist gleich: vertraut, einschätzbar, heimisch), schwarz als ›schlecht‹ (ist gleich: dubios, unheimlich, dunkel, fremd) bereits früher bewährt hat. Aber wird das den beiden Freude-und-Leid-Tragenden überhaupt je zu Bewußtsein gekommen sein?

Ob sich die schwarze Trautel im nachhinein als die Benachteiligte ja, als die (Vor-)Gezeichnete erkennt *und* akzeptieren wird? Die (vor)gefundenen Objekte sprechen eigentlich eine beredte Sprache. Ich werde die Verkrustungen abkratzen müssen: Sie, meine Kundin – das Flüchtlingskind, die Zugewanderte, Unbehauste, der Eindringling, der vom Osten kam – immer schon eine fragliche Herkunft –, irgendwoher, ein Konvolut von Fremdheit und Feindseligkeit, das sich zu einem unausgesprochenen Feindbild – slawisches (bolschewistisches?), vielleicht Zigeuner oder gar – jüdisches ›Blut‹? – zusammensetzen läßt. Die blonde Trautel also ein waschechtes Sachsenkind mit ›hellem‹ blitzblankem Humor und einem Lachen, das als silberhell zu bezeichnen wäre, klänge das nicht zu klischeehaft und gemein, wäre es nicht ungerecht, ein kindliches Lachen derart pejorativ zu belegen. Ihre Mutter, auch kein Kind von Traurigkeit, tänzelte ihren fülligen Leib in der Wohnung umher als sei sie eine schwebende Spitzentänzerin. Und wie war das Lachen der anderen Trautel? Es ließ sich nur allzu gerne hervorlocken. Die Blonde wuchs auf unter der Schutzhülle eines Familienclans, dem Krieg und Nachkrieg weniger hatten anhaben können als anderen, da die weitverzweigte Sippe, bodenständig, tief verwurzelt im (Alt)Hergebrachten, wie ein schattenspendender alter Baum Leben und Lebendigkeit (und nicht nur reines Überleben) ermöglichte. Die schwarze Trautel hingegen Flüchtlingskind, nach dem Ort und Hort ihrer Freundschaft hinverschlagen, die Familie in alle Winde zerstreut und stark dezimiert, kannte Geborgenheit ausschließlich in der Sorge der Mutter um die Nächsten durch Fleiß, Ordnungsliebe, Sauberkeit, Höflichkeit. Fröhlichkeit stellte sich in solch geordneten und zugeordneten Verhältnissen nicht ohne weiteres ein; es gab wichtigeres zu tun: Die Kinder sollten immer zu essen haben und stets anständig gekleidet sein.

Doch der soziale Kontrast von Licht, Klarheit einerseits und Dunkelheit, Finsternis andererseits konnte ihrer Zuneigung zueinander keinen Abbruch tun. Zumindest finde ich bei meiner Spurensuche keine Zeugnisse dafür. Für die blonde Traudel wäre es ein leichtes gewesen, sich abzugrenzen. Mir kommt da ein Verdacht: Ist ihr Erscheinungsbild durch den Kontrast zur schwarzen Trautel nicht recht eigentlich erst zur Geltung gekommen? Augenscheinlich wollte sie mit der (verspäteten?) Delegierung der Aufarbeitung an meine Person ein eigenes Aufwühlen alter Restbestände aus dem ›gelobten Land der Kindheit‹ verhindern und gleichzeitig unter Beweis stellen, daß diese Freundschaft, trotz einseitiger Ausgrenzung, erstaunliche Grenzüberschreitungen unternommen hat. Auch wenn zu vermuten ist, daß die blonde Traudel es verstanden hat, das Kapriziöse der Konstellation für eine Führungsposition zu benutzen, um von dort aus souverän, gnädig über das Wohl und Wehe ihrer Freundin/Freundschaft zu bestimmen. Es ist aber auch anzunehmen, daß sich hier ein kindliches Verschwörerideal grundsätzlich gegen die Welt der Voreingenommenen, also der Erwachsenen gerichtet hat. Ihr Zueinanderstehen hat ihnen, wenn schon keine Achtung, so doch Beachtung eingebracht. Jede für sich allein wäre weniger gewesen, weniger auffällig, weniger originell, weniger erlebnisbereit. Nur zu zweit erregten sie die Aufmerksamkeit, und im Zweifelsfall konnte man Vergehen auf den anderen schieben, was allerdings immer nur die blonde Traudel für sich in Anspruch genommen hat. Und da wäre ich wieder bei einer Ambivalenz, die zum Humus/Nährstoff ihrer Freundschaft wurde. Die Mädchen kümmerte so etwas herzlich wenig. Sie fanden zusammen, wie und unter welchen Umständen ist nicht mehr herauszufinden. Sie empfanden ihre Kinderfreundschaft als Dauerbeziehung von Anbeginn mit Ewigkeitswert, untermauert von Treueschwüren, Geheimsprache und -zeichen, eigens für sich allein ausgedachten Spielen und Erkennungszeichen bei verbotenen Treffen.

Dritte Schicht:
Dicke Stullen – dicke Freundschaft?

Ich behaupte: Die eine holte sich bei der anderen das, was sie in sich selber und zu Hause vermißte. Eine Zweckgemeinschaft?

Die Unterschiede waren grundlegender, existentieller Natur. So glaubte die Mutter der schwarzen Trautel, die Mutter der blonden Traudel sei oberflächlich, da sie rauchte, viel Kaffee trank – in der schweren Zeit eine Sünde –, die blonde Traudel oft ohne Frühstücksbrot zur Schule ging und der Vater sich mit anderen Frauen einließ. Die Mutter der schwarzen Trautel schätzte das moralisch ›Saubere‹. Der lockere, leichtfertige Lebensstil der Familie der BLONDEN TRAUDEL gab der Mutter der SCHWARZEN TRAUTEL Anlaß, das geringere soziale mit höherem moralischem Prestige wieder wettzumachen. Ist die stetige und standhafte Resistenz der Freundschaft der blonden Traudel gegenüber allen Anfechtungen, die sich aus der Außenseiterposition ihrer ›geliebten Freundin‹ ergaben: bewunderungs- oder fragwürdig? Welche Vorteile brachte ihnen ihre Verbundenheit? Ohne Frage: Die blonde Traudel schätzte das Pflichtbewußtsein in der Familie ihrer Freundin in Form von Stullen außerordentlich; in der Armseligkeit gab es immer ausreichend zu essen. Und die blonde Traudel hatte immer Hunger. Es war erstaunlich, wie hungrig ihre Fröhlichkeit war, als speise sich eine solche Energie alleine aus dem Beutemachen im Revier der anderen.

Berechnung? Wurde die schwarze Trautel von ihrer Mutter zum unliebsamen Einkaufen geschickt, ging die blonde Trautel liebend gerne mit, obwohl das eine unleidige Tätigkeit war. Ein Geschenk der Freundschaft, ein Freundschaftsdienst? Mitnichten. Sie begleitete ihre Freundin nur, um das Brot auf dem Nachhauseweg bauchstäblich handfest für sich zu gebrauchen, auszuhöhlen und zu verschlingen. Schelte bekam *sie* nicht. War die blonde Traudel habgierig? Sie war eine Lebenshungrige oder -gierige, die in ihrer Hab- und Neugier Überschuß produzierte, von dem die schwarze Trautel reichlich profitierte. So kann man das wohl sagen. Ich finde ein Zettelchen im Schulheft, eines jener zusammengerollten Zettelchen, die man sich während des Unterrichts heimlich hin- und herschickte:

— Ich habe einen Groschen. Wollen wir nach der Schule Sauerkraut mampfen?

Was hat es damit auf sich? Eine Einladung. Mit liebevollem Blick und nachsichtigem, distanzlosem, um nicht zu sagen blödem Lächeln der Erinnerung soll meine Fragestellung abgeblockt werden:

– Wir kauften uns ›für einen Groschen‹ von *meinem* Taschengeld ›ein Gleckerl Sauerkraut‹ (erneute Nachdenklichkeit), dann mit Nachsicht: Weißt du, in ihrer Familie war nie Geld im Hause, immer nur Schulden. Unser Ritual – eine feuchtfröhliche Angelegenheit: Für einen Groschen gab es *ein* Pfund Sauerkraut! Dann begann die Freßorgie. Aus der aufgeweichten Papiertüte tropfte der Saft des rohen Sauerkrautes. Es war jedesmal wieder eine riesige, köstliche Schweinerei, die Krautfäden hingen uns aus den Mündern, in den Bäuchen begann es zu rumoren, und wir mampften, rülpsten und furzten wie Landser.

Hatten sie Vorbilder? Wurden sie literarisch unbewußt vorgeprägt? Zu ihrer Zeit hat es noch keinen Fernsehapparat gegeben, und das Kino war kilometerweit entfernt und eine seltene Attraktion von ›Revolutionsfilmen‹, auch erst viel später zugänglich, als ihre Freundschaft schon auf vollen Touren lief. Und der Schatz an Kinderbüchern, die Freundschaft thematisieren? Ich wühle mich durch einen unglaublichen Bücherberg und glaube fündig zu werden. Aber weder ›Tom Sawyers Abenteuer‹ noch ›Das doppelte Lottchen‹ liegen im Bereich der Kindheit, sondern eine völlig zerlesene Schwarte ›Märchen aus Tausendundeiner Nacht‹ und unzählige Karl-May-Bände. Während aber die grausamen Abenteuer von ›Sindbad dem Seefahrer‹ wohl kaum in ihr Bündnis eingegriffen haben dürften, ist eine Einflußnahme durch das Heldenpaar Old Shatterhand und Winnetou schon eher vorstellbar. Ich will es wissen und benutze zur Aufhellung der Wirklichkeit weiter die Interviewmethode:

– Habt ihr beide viel Indianer gespielt?

– Ständig. Ich war Ntschoschi. Sie abwechselnd Old Shatterhand und Winnetou.

Ihr Blick, seltsam gedankenverloren, als käme ihr etwas in den Sinn, was sie bisher weit von sich weggehalten hat, verdüstert sich und gibt mir beredte Auskunft über ihre nachträglichen Zweifel: Während ihr nur zweitrangige Rollen zufielen, nein, zugeteilt wurden, war die blonde Traudel der Häuptling – sie wird es nicht bemerkt haben, sondern nur durch meine Frage unliebsam aufgeschreckt worden sein. Womit sofort die Konstellation der beiden Freundinnen noch einmal deutlich charakterisiert ist: Kann es sein, daß diese Freundschaft, in allem gegensätzlich, komplementär, aber in dieselbe Richtung zielend, eine abhängige, auf sich selbst bezogene Partnerschaft war, ohne Norm, ohne Vorschriften von außen, aber mit einer strengen inneren Gesetzgebung von Herrschaft und freiwilliger Unterwerfung? Die blonde Traudel war die Tonangebende, die schwarze Trautel hielt nur mit, liebte Tempo, Einfallsreichtum und Waghalsigkeit der Vorhaben, konnte aber nicht die Führende sein. Die Frage ist aber, ob hier nicht Liebe vorliegt und ob nicht allein die Liebe bereit und willens ist, eine solche Kluft zu überwinden. Eine Liebe, die erwidert wurde. Erzählt ihre DICKE FREUNDSCHAFT von einer Liebe, die stark genug war, sich auch in der Gegensätzlichkeit zu behaupten? Ich finde massenhaft Geschenke von der blonden an die schwarze Traudel, aber nicht umgekehrt. Bücher, Kettchen, Kleidungsstücke vor allem, aber auch Zeichnungen, Bilder, auf denen ihr Konterfrei zu sehen ist, stets mit innigen Widmungen versehen: »Für meine liebe Träutsch, meine einzige Freundin«, in Leder gebundene Bücher mit Goldrücken. Nun schaue ich genau hin: Ex libris. Also offensichtlich aus dem Bestand der eigenen Familie. Entwendet? Geklaut? Die Vorgehensweise der blonden Traudel war extravagant, asozial, bedenkenlos. Bedenkenlos im Nehmen und Geben, ein Geben, das aber auch wieder nur ein Nehmen gewesen war.

Gab es in dieser Beziehung denn keine rivalisierenden Nebenbuhlerinnen? Ein dickes Briefbündel gibt detailliert Auskunft über die kindlichen Herzens- und Schmerzensangelegenheiten. Nach der Schulzeit kam die blonde Traudel in das Internat einer Ballettschule, und dort kam es zu den ersten erotischen Begegnungen mit Jungens und Mädchen. Die schwarze Trautel behielt die Position der Vertrauten:

– Du bist die einzige, der ich das schreibe. Sage es bitte niemandem weiter.

Harmlose Spielchen unter der Bettdecke, – hatte sich derartiges zwischen ihnen abgespielt?

– Wir hatten aufregende Gespräche über die sprießenden Knöspchen unserer Brüste und über die ›Minna‹. Was das war? Das war die Periode. Jede in der Klasse war stolz, wenn es endlich so weit war, was man dadurch demonstrieren konnte, daß man nicht am Turnunterricht teilzunehmen brauchte. Etwas Neues, Bedeutungsvolles war erreicht, ein neues Stadium. Bei mir wollte sich die Periode lange nicht einstellen, also log ich den anderen etwas vor. Aber Träutsch kam dahinter und bohrte und bohrte so lange, bis sie mich der Lüge überführen konnte. Ja, so naiv waren wir, wir wollten uns mit der Periode gegenseitig imponieren. Wir wollten uns aber auch alle Geheimnisse mitteilen, alle. Es waren immer Geheimnisse, die wir nur der einen Auserwählten anvertrauten. Ansonsten war das Verrat. Man mußte schwören, alles für sich zu behalten. Die Geheimniskrämerei zwischen zwei Freundinnen war buchstäblich der Kitt. Das Geheimnis zu behalten, war ein Akt der Unterwerfung. Der Verrat wurde geahndet.

Also doch Gesetze, die die Freundschaft bestimmten und nicht einfach bedingungslose Liebe, hake ich nach.

Versteh doch mal, die Träutsch war ein außerordentliches Kind: Da sie in die Paluccas-Schule ging, konnte sie mit großer Grazie turnen und tanzen. Jegliche Form von Kreativität fiel ihr leicht: Aus dem Handgelenk nähte sie ein Kleid, schnitt einfach in den Stoff hinein und – das Kleid paßte und wurde von mir noch jahrelang getragen, nachdem wir bereits getrennt waren. Sie schminkte mich und sich auf hervorragende Weise. In aller Schnelle wurde aus ihrem frechen spitzbübischen Gesicht eine Alte. Sie spielte Klavier. Sie fuhr auf der Eisbahn wie ein Teufel. Stellte sich auf die Schlittschuhe und fuhr einfach los, ohne umzuknicken oder hinzufallen. Sie ging ins Luftbad und nach einiger Zeit sah man sie im Tiefen: Sie schwamm, während wir anderen mühevoll unsere stereotypen Übungen an der Stange machten, um nur ein bis zwei Schwimmstöße über Wasser zu bleiben. Ich hatte zwar einen zähen Willen, aber ich mußte probieren, üben, die Ausdauer machte manche Ungelenkheit, manche Zurückgebliebenheit wett. Warum sollte nun die Träutsch sich ausgerechnet mir mir abgeben? Weil ich so einen deutlichen Kontrast zu ihrer Frische und Helle abgab? So denkt doch ein Kind nicht! Sicher war ich mehr ihr Objekt, aber sie hätte sich auch jemand anderes auswählen können. Sie kam immer wieder. Mit einer Anhänglichkeit, die mich verblüffte. Auch noch als sie verheiratet war, buchstäblich in den Stand der Ehe versetzt wurde und dort jahrzehntelang ein bedeutungsloses Leben führte, sieht man einmal davon ab, daß ihr Mann vom Arzt zum Chefarzt avancierte und sie materiell gesehen immer höher stieg, war von ihrer Impulsivität, ihrem Einfallsreichtum, ja ihrer Begabung nicht viel übriggeblieben. Sie war jahrelang Hausfrau und Mutter, für mich ein grauenvoller Zustand. Sie lernte den Beruf der Laborantin, schließlich den der Bibliothekarin. Aber als sie ihren Mann kennenlernte, war sie eine hoffnungsvolle Tänzerin, sie hätte eine bedeutende Ballettänzerin werden können, musisch und musikalisch begabt. Sie malte Bilder mit einem ursprünglichen Sinn für Farben. Sie malte, tanzte, turnte, bewegte sich umfassend gekonnt. Und dabei immer von einer herzerfrischenden Fröhlichkeit, Direktheit, Lebensfreude.

Beinahe sieht es so aus, als ob du ihr ein Denkmal setzen wolltest, aber nur, um dich damit zu verkleinern. Nein, so ist es nicht. Ich habe sie ja später überrundet. Ich habe viel unkonventioneller, spontaner gelebt, geliebt, gedacht als sie. Sie ist ihrem kleinbürgerlich verwurzelten Erbe treu geblieben. Während ich, unbelastet von ererbtem Standesdenken viel freier und unbekümmerter vorgehen konnte. Wir haben uns später wiedergesehen. Sie hat den Kontakt aufgenommen. Sie hat mir hinreißende Briefe geschrieben.
Früher hatten wir Abbildungen, seltener im Kino, überhaupt nicht bei unseren Eltern sehen können, daß sich Liebespaare küssen. Also probierten wir es aus. Ich nehme einmal an, daß ich das mit der Traudel ausprobierte. Wir probierten und probierten, aber wohin mit der Nase? Wir probierten weiter, aber wohin mit den Zähnen und dem Kinn. Wir lösten das Problem nicht und ließen es wieder bleiben. Wir konnten einfach nicht verstehen, was für ein Mythos darum gemacht wurde. Der löste sich erst dann auf, als ein Mann ins Leben der BLONDEN TRAUDEL trat, aber auch da nicht von einer Stunde zur anderen, sondern unmerklich – ein klassischer Fall. Aber auch in der Übergangszeit wurden der SCHWARZEN TRAUTEL alle Herzensgeheimnisse anschaulich mitgeteilt, vom ersten Kuß bis zum ersten Koitus, eine Entschädigung für die wenigen Stunden ihres reduzierten Beisammenseins. Mit achtzehn Jahren ein Kind, die Ehe mit einem repräsentativen Mann, und die BLONDE TRAUDEL widmete sich mit Inbrunst der neuen Beziehung. Ihre Freundschaft hatte sich vom Gebiet des Aktionismus ins Verbale verlagert – endlose Briefe und Gespräche über die Liebe. Die SCHWARZE TRAUTEL war geduldige, aber auch neugierige Zuhörerin. Weiterhin war sie, nach Mann und Kind, die Favoritin in ihrem Herzen. Der Wasserfall einer jahrelang gestauten Seele, einer Seelenpein?

Vierte Schicht:
Die beiden Unzertrennlichen

War das für sie eine Verpflichtung? Bestärkten derlei Bemerkungen, die beinahe zu einem Lebensmotto stilisiert wurden, ihre gegenseitige Anhänglichkeit? Sie nahmen dies als Zeichen einer Erwählung, und die half ihnen über die Abgründe von Streitigkeiten hinweg, die nicht selten handgreiflich, wenn nicht gar hinterhältig ausgetragen wurden. Dann kam die schwarze Trautel heulend zu Hause an:

– Die Traudel hat ... nie wieder ... will ich ihre Freundin sein ... Dann war erst einmal Sendepause, oder, wie es im Sächsischen heißt, ›Dickschen‹ war angesagt. Im Tagebuch der blonden Traudel:

»Heute hat die Träutsch meinen Kopf gegen den rostigen Nagel im Lattenzaun gedrückt, wieder und wieder. Sie hat mich so in Rage versetzt, daß ich sie in die Hand gebissen habe. Es tut mir überhaupt nicht leid.«

Nach ein paar Tagen stand die BLONDE TRAUDEL mit einem Stück Kuchen, mit einer Schüssel Kirschen oder einem Vorschlag für einen inzwischen ausgeheckten Streich wieder vor der Tür von der SCHWARZEN TRAUTEL, und ihre Unverbrüchlichkeit wurde durch die Versöhnung mittels Umarmung, Kichern, Klönen neu besiegelt. Die BEIDEN UNZERTRENNLICHEN gelobten sich in ihrer Höhle erneut ›ewige Freundschaft‹ und sollen sich sogar die Pulsadern aufgeritzt und einige Blutstropfen zwecks Blutsbrüderschaft getrunken haben. Das hatten sie natürlich abgeguckt oder angelesen. Ihre Fähigkeit zum Verzeihen war groß und großartig, aber noch großartiger ihre Fähigkeit, alle Annäherungen zu gestalten, zu stilisieren, ja zu ritualisieren. Beide taten das auf unterschiedliche Weise, aber sie taten es. Der blonden Traudel bedeutete der Streit wenig, es war nicht tief gedrungen, dafür war ihre Lebensvitalität zu groß.

Die schwarze Trautel ließ sich, wie immer, von dieser Groß- und Freizügigkeit mit-, ja hinreißen. Aber ganz nebenbei sammelten sich in ihr einige Erkenntnisse, die erst einen bitteren Kern offenbarten, der dann den Anstoß zu meiner kritischen Rückblende gab. Nie wieder war sie später so offen und offenherzig, jemanden so nahe, bedingungslos, unverstellt ergeben wie in dieser Zeit.

Ich kann ihrer Naivität nicht ganz folgen. Für mich entsteht eine Einseitigkeit, von der ich eines glaube zu begreifen, daß die Freundschaft einen Preis hatte, den meine Mandantin bezahlen mußte. Ein Ungleichgewicht, das mich als Außenstehende aber nicht davon abhält, die Eskapaden der blonden Traudel reizvoller zu finden und ausführlicher zu beschreiben als die mich melancholisch stimmenden Reaktionen der anderen. Es muß schwer gewesen sein, sich dem besitzergreifenden Charme von Traudel zu entziehen.

War sie die Nehmende, die Bestimmende, die andere die Gebende, Abhängige?

– Solange wir in unserer Unbändigkeit umhertollten, Kinderstreiche vollführten, stand der gleichgelagerte Erlebnishunger im Vordergrund. Wir langweilten uns nie miteinander. Und, sagt sie: Es war ein Geben und Nehmen, freilich auf ganz unterschiedlichen Ebenen. Sie hat mich enthusiasmiert, inspiriert, Abenteuerlust vermittelt, Einfallsreichtum hervorgerufen, Fröhlichkeit auf den Weg geschickt. Wir waren keine Konkurrentinnen, keine Rivalinnen, wir ergänzten uns, wie man so schön sagt. Weißt du, daß sie in ihrem ganzen späteren Leben keine ›richtige‹ Freundin mehr hatte? Im Unterschied zu mir, der mir in jeder neuen Lebensphase neue spezifische Freundinnen zugewachsen sind, mit denen ich intensive Kontakte pflegte? Weißt du auch, daß sie mich zwar verlassen hat – um, laß es mich einmal so formulieren, der größeren Liebe zu einem Mann zu folgen. Daß sie sich daran aber gefangen hielt, gefangenhalten ließ, vieler Vorteile willen, die die gesellschaftliche Norm so bezeichnet. Daß sie mich dann, als das geschaffene Bild einer idealen Ehe aber in sich zusammenbrach, an mich wandte, ihr Herzeleid klagte und unsere Freundschaft mit viel Engagement und innerer Anteilnahme wieder aufzubauen versuchte? Es lag eindeutig an mir, wenn das nicht gelang. Wir haben uns dann getroffen, sie hat mich besucht, aber am Ende stand sie zitternd und mit bebenden Lippen am Bahnhof vor mir und hat Abschied genommen für immer. Sie hat buchstäblich ein Leben lang weiter an mir gehangen. Mir war dieser Gefühlsausbruch peinlich. Ja, ich habe unsere Unterschiedlichkeit, die nun auch im politischen Denken und Handeln deutlich zutage trat, als lästig und störend empfunden. Was ist das anderes als die pure Lieblosigkeit! Sie hat mich immer noch genommen, so wie ich war. Ich brachte die Liebesfähigkeit, die Unterschiede zu akzeptieren nicht mehr auf. Eventuell ist der Auftrag einer Ausgrabung an mich deshalb ergangen, weil für sie noch einmal der Beweis der Liebe erbracht werden sollte.

– Niemals wieder im Leben bin ich so vertrauensvoll, so offenherzig, so bereit für die Imagination der Liebe gewesen. Wir teilten alles (was für ein Allgemeinplatz, denke ich im stillen, aber lasse sie weitersprechen), im Grunde war nicht das Teilen das Besondere, sondern *wie* auf recht ungleiche Weise geteilt und verteilt wurde, und das in allen Lebensbereichen, und ich, ja ich war die Benachteiligte und Bevorzugte in einem (aha, denke ich für mich: Idealisierung und Distanzierung in einem, das übliche).

Fünfte Schicht:
Oberflächenbetrachtung

So oder ähnlich hat sie mich aus der Pflicht entlassen, mit einem Plädoyer auf höchster Ebene:

– Die Innigkeit, mit der man sich mit der Freundin eins wußte, ist ohnegleichen geblieben, obwohl es doch im späteren Leben mit anderen Freundinnen weitaus gerechter zuging, diese Unbedingtheit ist mir später nur noch mit dem eigenen Kind widerfahren, und da ist einseitige Obhut von vornherein genehmigt. Liebe geht ja nicht nur eine Verbindung mit dem Geliebten ein, sondern mit allen möglichen ›Elementen‹: Eltern, Geschwister, die Liebe des Lebens, Natur, Blumen, Beruf, Tiere, Vaterland, Kunst. Nur für Freundschaft wurde ein eigener Begriff geschaffen. Warum eigentlich?

Hat sie die Frage gestellt oder ich? Wir beide zur gleichen Zeit. Sie rhetorisch, ungläubig, beinahe empört, fest davon überzeugt, daß diese Festlegung unnötig sei; ich, als Ausgangspunkt einer nicht uninteressanten Fragestellung. Ob sie sich mit meinem ›Freundschaftsdienst‹ im nachhinein eine eigenwillige Zauberlandschaft der Freundschaft buchstäblich neu erschaffen wollte, oder hat hier wirklich ein ›echtes, wahres, tief(liegendes), tragfähiges, dauerhaftes‹ (zwölf Jahre immerhin) Sediment vorgelegen von einer Stärke und Belastbarkeit wie es in Freundschafts- und Liebesangelegenheiten so selten vorzukommen pflegt? Hat sie mir deshalb den Rechercheauftrag erteilt, um da eine objektive sachliche Bestätigung ihrer eigenen Fiktion zu hören? Ich vermag es nicht zu sagen. Ich aber habe mich von ihren Eingriffen in meine Tätigkeit und unverhofften Auftritte an der Fundstelle nicht beirren lassen und meine Arbeit so fachgerecht wie möglich durchgeführt.

Natascha Würzbach
Der Faden der Ariadne

Die wenigen Schwarzweißfotos mit weißgezackter Umrandung, die ich von ihr habe, sind festgebannte Momentaufnahmen aus einer vergangenen Wirklichkeit. Ein Mädchen Anfang Zwanzig, groß und schlank, steht an einen Zaun gelehnt, einen Ellbogen aufgestützt. Sie trägt eine einfache helle Bluse, einen am Bund gereihten Rock, der ihr weit über die Knie reicht, Wollsocken, feste Halbschuhe und blickt mir ernst entgegen. Es ist ein Gesicht, in dem die kräftigen Formen bäuerlicher Herkunft durch wache Intelligenz, Bildungserlebnisse und sensible Nachdenklichkeit modelliert wurden. Ein anderes Bild zeigt sie am Fenster sitzend, die Hände in den Schoß gelegt, den Kopf sinnend gesenkt unter krausen, dunklen Haaren. Dann ein leicht überbelichtetes Paßfoto, Schnappschüsse vom Wandern und Baden. Die Bilder wirken seltsam fern, fast fremd. Und doch können sie in mir etwas aufleben lassen, Erinnerungsbruchstücke kommen näher, lassen sich fast berühren. Von dieser Freundin aus meiner Studienzeit ist etwas in der Strömung meines Fühlens, Denkens und Handelns bewahrt geblieben, manchmal in Vergessenheit abgesunken, dann wieder emporgespült worden, hat sich verwandelt und ist doch wirksam geblieben.

Mit vielen Gleichaltrigen sitze ich in einem großen Hörsaal. Draußen vor den Bogenfenstern wintert es, und drinnen betäubt uns der warme Dampf feuchter Mäntel bei sparsamer Nachkriegsheizung. Es ist mein erstes Semester. Die Unsicherheit der Anfängerin, Angst, gar Scham ballen sich zur Einsamkeit in mir zusammen. Ich kenne hier niemanden und blicke von der Mitte der ansteigenden Sitzreihen auf die schwarze Wandtafel hinunter, wo ein Dozent im dunklen Anzug das Menetekel meines Studienanfangs mit weißer Kreide aufzeichnet. Seit Wochen bereitet mir das Kopfzerbrechen und Magenschmerzen. Sprachgeschichte. Warum veränderten sich Laute in grauer Vorzeit? Wie soll ich das verstehen? Ich war ausgezogen, um Literatur zu studieren und wurde nun mit Lautveränderungen konfrontiert! Hier in dem großen Hörsaal schien mir eine Hoffnung zu versinken zwischen den langen Holzbänken, in die Generationen von Studierenden ihre Runen eingeritzt und mit Tinte nachgezogen hatten.

Weiter unten in der ersten Reihe ganz außen, durch einen leeren Sitz von anderen getrennt, bemerke ich eine Studentin, die aufmerksam dem magischen Tanz der weißen Zeichen auf der schwarzen Tafel folgt. Sie macht Notizen und blickt wieder auf. Ich sehe einen buschigen Haarschopf, nur teilweise mit einer Haarspange gebändigt, dunkelhaarig, und daraus hervortretend im Halbprofil ein intelligentes Gesicht mit einem aufmerksamen Blick hinter den umrandeten Brillengläsern. Ich bin überzeugt, sie hat den Durchblick, sie versteht, was da vorne vor sich geht. In mir kommt der zaghafte Wunsch auf, sie kennenzulernen, sie vielleicht über das Geheimnis des Lautwandels befragen zu können oder sogar ein gemeinsames Lernen für die Klausur vorzuschlagen. Aber ich finde nicht den Mut. Niemand kennt hier niemand in dem riesigen Hörsaal. Wie soll ich eine andere Studentin ansprechen, zumal sie so gescheit aussieht?

Eine Woche später habe ich mich auf all meine Kraft und Entschiedenheit in schwierigen Situationen besonnen und nutze den Moment des Hinausgehens, um sie noch an ihrem Platz zu erreichen und anzusprechen. Sie schiebt gerade ihr Ringbuch in die schwarze Aktentasche und schließt sie mit den beiden Lederschlaufen. Meine Aktentasche ist braun, hat zwei Schnappverschlüsse und einen Riemen in der Mitte. Ihre stammt sicher auch noch aus der Schulzeit. Ob sie auch ein Handtäschen für Theaterbesuche und zum Tanzen hat? Als sie aufblickt, sage ich: »Ich glaube, Sie verstehen das alles. Ich würde Sie gern etwas fragen.« Sie lacht und schüttelt den Kopf. Nein, sie verstände auch längst nicht alles, und vielleicht könnten wir uns mal zusammensetzen und »das bissl durcharbeiten«. Während wir mit den Letzten zur Tür hinausgehen, weicht etwas von meiner Bedrückung, und ich atme auf. Endlich habe ich eine Kommilitonin kennengelernt, bin aus der Anonymität aufgetaucht, und vielleicht gelingt es uns, gemeinsam die Lautgesetze zu bewältigen. Auf dem breiten Gang stehen wir einander gegenüber, während neue Studentenmassen in den Hörsaal drängen. Für mich hat sich eine lebensrettende Insel in dem Strom unbekannter Gesichter und fremder Gestalten gebildet. Wir verabreden uns zur Zusammenarbeit.

Mit meiner neuen Studiengenossin treffe ich mich nun regelmäßig abends in einem leeren, schlecht beleuchteten Hörsaal. Wir sitzen nebeneinander, vergleichen Notizen, stellen uns gegenseitig Fragen, finden Erklärungen und Zusammenhänge, prägen uns Wissen ein. Ich spüre bald, daß das Mädchen neben mir einen freudigen Optimismus ausstrahlt, der die Trostlosigkeit meines Studienanfangs auflöst wie Nebel in der Frühsonne. Meine gründlich bohrende Arbeitsweise scheint sie zu weiteren Gedanken anzuspornen. Wir werden zu Verbündeten und beschließen, uns von nun an bei den Aufgaben zu Wort zu melden, ja sogar selbst Fragen zu stellen. Dazu gehört einiger Mut, aber es wird von Mal zu Mal leichter. Die Klausuren bestehen wir »recht erfolgreich«, was unsere Erwartungen weit übertrifft.

Als es Sommer wird, lade ich sie in mein kleines Zimmer im fünften Stock über einem Hinterhof voller Kindergelärme und Taubengurren ein. Ich habe uns einen Tee gekocht und zeige ihr meine Bilder an der Wand, den »Mann mit dem

Goldhelm«, Adam und Gottvater aus der Sixtinischen Kapelle, Franz Marcs Blaue Pferde. Wir sitzen auf der schmalen Sofabank, die abends in ein Bett verwandelt wird, und reden über den »Faust«, über die Duineser Elegien, über unsere Leseerlebnisse, über Kunst und Natur, über höhere Wirklichkeiten. Begeisterung kommt auf, Verständigung und Verstehen gehen zwischen uns hin und her in dem kleinen Raum. Wir überspringen die Hürde des »Sie«. Noch ein wenig verlegen nennen wir uns beim Vornamen. Sie heißt Christiane, genannt Christl. Sie hat die wilden Haare nach hinten gekämmt, ihre breiten Backenknochen treten hervor, die schwarzen breiten Augenbrauen treffen sich fast über der kräftigen Nase. Ihr eher schmaler Mund hat ausdrucksvolle bewegliche Schwingungen, in denen Stimmungen zu erahnen sind. Ihre Augen blicken mich manchmal strahlend an oder sind nachdenklich auf ihre in den Schoß gelegten Hände gerichtet. Die Brille trägt sie nur zum Lesen. Wir sprechen über die Suche nach Lebenssinn. Ihr Wissen und Erleben haben eine harmonische Melodie; sie verströmt Freude und Zuversicht, kommt aus einer Geborgenheit auf mich zu. Aus den Brüchen und Widersprüchen meiner Person steigt manchmal Ablehnung auf. Woher nimmt sie diese Heiterkeit? Ihr Strahlen blendet und irritiert mich. Kennt sie Zweifel und Verzweiflung? Darüber wird nicht gesprochen, während der Tee in den blumigen Tassen erkaltet und sich mit einem Film überzieht. In einem Gespräch über Ideale und die Vermeidung von Kompromissen nähern wir uns wieder, sind uns einig, fühlen uns bestärkt. Unten im Hof ist es abendlich ruhig geworden. Christl muß aufbrechen, um ans andere Ende der Stadt nach Hause zu fahren. Bei der Verabschiedung wechseln wir einen kräftigen Händedruck, scheuen uns aber vor dem Blick in die Augen.

Nach ihrem längeren sanften Drängen folge ich Christls Einladung und trete die Reise mit Trambahn und Bus in den

Vorort an, wo sie bei Tante und Großmutter in einem idyllischen Hexenhäuschen, von einem wildwuchernden Garten umgeben, ihre Unterkunft für die Semesterzeit gefunden hatte. Wir werden mit Kaffee und Kuchen umsorgt, als Studentinnen ernstgenommen, was ich von zu Hause nicht kannte. Danach können wir in den Garten gehen. Es ist so heiß, daß wir unsere Badeanzüge tragen und uns gegenseitig unter Gelächter und Geschrei mit dem Gartenschlauch anspritzen. Christl ist schlank und hat kräftige Beine und Arme, an denen sich die Muskeln abzeichnen. Ich bin auch nicht dick, aber ich schäme mich ein wenig meiner unmodellierten Oberschenkel und Oberarme. Wir sind beide groß gewachsen, kräftig und beweglich. Ausgelassen toben wir um die Obstbäume herum und von einer Begrenzung durch die hohe Fichtenhecke zur andern, bis wir ermattet im Gras sitzen und von den Johannisbeersträuchern die Früchte direkt in den Mund pflücken. Wir versichern uns gegenseitig, wie angenehm uns die Sonne auf den Körper brennt, wie reif die Johannisbeeren schon sind, wie schön das alles ist. Der mit drei Studienfächern vollbesetzte Stundenplan ist für diesen Nachmittag beiseite gelegt. Ich bin froh, endlich hierher gekommen zu sein, und ich sehe, wie Christl sich darüber freut.

Wir sind beim Erzählen über unsere Eltern und Geschwister angelangt. Sie hat eine sehr innige Beziehung zu ihren Eltern, wird von der jüngeren Schwester bewundert, fährt oft nach Hause aufs Land. In meiner Familie hat sich die Zuwendung auf den sehr viel jüngeren Bruder gerichtet, und ich bin aus den familiären Spannungen in die Großstadt entwichen, wo ich trotzig in der selbstgewählten Einsamkeit meiner Wege gegangen bin. Das Sonnenlicht fällt schon schräg über die Spitzen der Tannen im Nachbargarten. Wir gleiten immer mehr in persönliche und verschwiegene Themen. Ich verspüre in mir einen Ruck, das Aufplatzen einer

Wunde, und ich beginne erst stockend und mit abgewandtem Blick, dann freier zum ersten Mal einem Menschen etwas über einen geheimen Liebeskummer und meine Sehnsucht nach Verständnis und Übereinstimmung zu sagen. Jahre der Einsamkeit und Verschlossenheit werden langsam aufgeschnürt, der Mut des Aussprechens überkommt mich, ein Rausch der Erleichterung steigt auf. Christl hockt mit angezogenen Knien im Gras, sieht mich manchmal an oder senkt den Kopf. Sie hört mir zu, sie versteht. Es gibt eine, die mich versteht. Es ist, als ob die Glasglocke, unter der ich seit Jahren kauerte, ein wenig gehoben würde und frische Luft hereinströmte.

Nun erzählt Christl von ihrer Erfahrung mit einem Mann. Er ist älter als sie, ernst und respektvoll. Sie verstehen sich gut, unternehmen zusammen Bergwanderungen. Er liebt und begehrt sie, aber sie spürt in sich keine Resonanz. Sie weiß, daß es noch etwas anderes gibt, spricht von Sehnsucht und Erlösung – ein Stichwort, das noch öfters in verschiedenen Bedeutungen im Ballspiel unserer Gespräche und unseres Briefwechsels vorkommen wird. Der Ball ähnlicher Gedanken und Gefühle, Vorstellungen und Wünsche wechselte hin und her, ohne daß unsere Hände sich berührten. Aber es gab auch längere Unterbrechungen in diesem Ballspiel.

Dabei war ich es vor allem, die ihrem sicheren Ballwurf, ihren frohen suchenden Blicken unter den zusammengewachsenen Brauen, ihren Aufforderungen zu gemeinsamen Unternehmungen auswich, den Zauberball nicht fangen mochte. Ich fühlte die Einsamkeit meiner Jugendjahre, die Geschlossenheit meines Erlebens bedroht. In der Schule war ich von andern wegen meiner Klugheit bewundert, wegen meiner Eigenarten belächelt, aber auch respektiert worden. Doch selten nahm mich jemand zum Segeln oder Tanzen mit. Da war niemand, dem ich mich verwandt fühlte oder dem ich vertrauen wollte. Also stieg ich allein auf Berggipfel, las Gedichte, suchte Antworten auf meine Sehnsüchte und wollte studieren. Und nun wich ich Christl aus.

Heute vormittag arbeitet sie in der Universitätsbibliothek. Dort soll ich mal vorbeischauen. Ich habe schlecht geschlafen. Ein Wirrwarr von Ängsten, schlechtem Gewissen, Hemmungen umschnürt mich. Was kommt da auf mich zu? Könnte sie etwas von mir erwarten? Wie soll ich mich verhalten? Ich öffne die hohe schwere Tür zum Leseraum. Sie sitzt im Silentium, den schlanken Rücken mir zugekehrt, aufrecht, nur den Kopf mit dem vertrauten Haarschopf über die Bücher gesenkt. Entschlossen, rasch, mit Herzklopfen gehe ich durch die Tischreihen zu ihrem Platz. Sie blickt auf mit ihren weitsichtigen Augen hinter den Gläsern, lächelt eine selbstverständliche Begrüßung, nimmt die Brille ab. Draußen zwischen den Katalogkästen stehend können wir miteinander reden, was jede so während der letzten Tage getan und gearbeitet, erlebt und bedacht hat. Christl lehnt sich ein wenig an den braunen Holzkasten mit den Schubladenreihen. Ihre von der Stirn nach hinten gebündelten Haarkraussträhnen haben sich während der Arbeit gelockert. Sie sieht mich immerfort an. Eine ruhige, leuchtende, mir zugewandte Freude liegt über ihrem Gesicht. Ich beginne, in die Tiefe ihrer Augen einzutauchen, wo ein Gefühl für mich bereitliegt. Da bin ich gemeint. Fassungslos weiß ich nicht, was mit mir geschieht. Glück pulst und pocht in mir. Ihre Nähe ist nicht mehr bedrohlich. Alles erscheint leicht und sicher. »Gut, daß es dich gibt«, sagt sie da zwischen den Karteikästen voller Titelhinweise auf abgelegtes Menschheitswissen aus Jahrhunderten. Wir gehen zur Mensa.

Damals wußte ich nicht, daß es Liebe war, und ich weiß bis heute nicht, ob sie darin klüger war als ich. Aber sie hatte eine Gefühlssicherheit, auf die ich nur schwankend und zögernd antworten, manchmal nur verzagt schweigen konnte. Was für sie selbstverständlich war, blieb mir mühsam und widersprüchlich. Manchmal schäumte in mir die Freude auf, daß es einen Menschen gab, der sich für mich interessierte, und ich konnte sie damit erreichen. Manchmal quälte mich die Sorge, sie zu enttäuschen. Manchmal gelang es mir, mich nicht nur in unseren Gemeinsamkeiten bestätigt zu sehen, sondern auch etwas von ihrer Andersartigkeit zu erfassen. Aber die Stetigkeit ihrer Zuwendung und die Beharrlichkeit ihrer verhaltenen Erwartungen ließen mich an der Dauerhaftigkeit meiner aufsteigenden Gefühle immer wieder zweifeln.

Wieder ein strahlend heißer Sommertag, an dem wir den Rasterkästchen des Stundenplans entkommen sind. Wir wollen schwimmen gehen in einem nahegelegenen See. In der engen holzbrettrigen Umkleidekabine packen wir die Badesachen aus. Ohne zu zögern streift sie Rock und Bluse ab. Ich folge nach. Einen Augenblick lang stehen wir nackt einander gegenüber. Sie schaut mir ins Gesicht und an mir herab. Froh lacht sie mich an, als ob wir eine Entdeckung gemacht, einen guten Einfall gehabt hätten. Verschämt senke ich die Augen und sehe für einen Moment ihren schlanken, hellhäutigen Körper, die Brüste, trotzig klein wie meine, den Nabel, das aufleuchtende Dunkel ihrer Schamhaare, die braungebrannten Oberschenkel, die vertrauten stark behaarten Schienbeine. Peinlichkeit durchschauert mich, und ich schlüpfe rasch in meinen Badeanzug. Als kleines Mädchen mit meiner Mutter in der Badewanne sitzend hatte diese mich einmal angefahren: »Starr mich nicht so an, das tut man nicht!« Gleich darauf rennen wir spritzend und prustend über den Kies in den See und schwimmen kräftig und schnell nebeneinander her dem Sonnenglast entgegen.

Wenn wir abends ins Theater oder zu einem Konzert gehen, übernachtet Christl bei mir. Die Vermieterin meines kleinen Zimmers erlaubt ihr, auf dem Sofa im Wohnzimmer zu schlafen. Unsere Aktentaschen, die schwarze und die braune, lehnen unter dem Garderobenhaken nebeneinander in dem langen fensterlosen Flur an der Wand. Ich stehe in der Wanne im halbdunklen Badezimmer und lasse mir das lauwarme Wasser über den Körper laufen. Unerwartet öffnet sich die Tür und Christl schaut herein, lehnt die Schulter an den Türrahmen und sagt: »Ich schau' dich so gerne an.« Ich begreife nicht recht, lasse die Handbrause sinken, schaue an meinem unbekannten Körper hinunter. Meine Mutter, Tänzerin und Schauspielerin, hat mich einen Trampel gescholten. In der Tanzstunde war ich oft sitzen geblieben. Ungläubig blinzle ich zu Christl hin. Erst Jahre später wurde mir die Köstlichkeit ihrer Aussage so recht bewußt.

Gemeinsam studierten wir weiter. Stetig und geduldig blieb sie mir zugewandt, akzeptierte meine spröde Andersartigkeit und erfreute sich an dem, was wir aneinander hatten. In der Masse der Studierenden fiel sie durch ihre kluge, engagierte, sichere und bescheidene Arbeitsweise auf und wurde für ein Stipendium vorgeschlagen. Als die Entscheidung über ihre Aufnahme anstand, holte ich sie vor der Tür der zuständigen Universitätskanzlei ab. Sie kommt heraus, strahlend, beglückt und zugleich erstaunt. Es hat geklappt. Sie faßt mich an der Hand und will mich an ihrer Freude beteiligen. Mich durchfährt eine unangenehme Empfindung, die sich in Gefühlsschüben verzweigt, während wir den Korridor entlanggehen und sie unbekümmert die Einzelheiten berichtet. Unsicherheit, Furcht, nicht mehr mithalten zu können, Fremdheit, Distanz, dumpfe Zukunftsangst, Scham. Sie scheint nichts zu merken, ich lasse mir nichts anmerken. Eine strahlende Göttin im abgetragenen Wintermantel und Schnürschuhen schreitet neben mir, einem in sich hineingekrümmten Erdenwurm. Meine Gefühle verdünnten sich rasch zu einem nur gelegentlich merkbaren Rinnsal, und ich nahm bald wieder lebhaften Anteil an ihren Studienerfolgen, die sie ohne allen Ehrgeiz genoß.

Geistige Abenteuerlust und wer weiß was noch trieben mich dazu, für ein Semester an einer anderen Universität zu studieren. Wir schrieben uns regelmäßig. Während ich von neuen Studieneindrücken in einer kleinen Universitätsstadt zu erzählen hatte, erlebte sie im Vorort der Großstadt das Sterben ihrer Großmutter. Das zunehmende Verwirrtsein, das Leiden und Sterben der lieben, alten Frau erschütterte Christl sehr und brachte sie in Not. Ich versuchte, ihr mit meinen Briefen beizustehen. Als wir uns im Herbst wiedertrafen, war eine neue Ernsthaftigkeit in ihrem Gesicht, waren da dunklere Töne und Schattierungen in ihrer Fröhlichkeit. Ihr frisch erfahrenes Leid berührte mich nun verwandtschaftlich.

Mit dem Bummelzug fahren wir durch viele Bahnhöfe und Ortschaften an einem sonnigen Oktobermorgen Richtung Voralpen. In meiner Aktentasche habe ich Übernachtungssachen. Die ersten Bergketten erscheinen blaugrün, rücken näher, noch bevor wir aussteigen. Dann geht's zu Fuß weiter auf Feldwegen durch abgemähte Wiesen, leuchtend buntes Herbstlaub unter einem lichtblauen Himmel. Ein kleines Dorf mit einem Zwiebelkirchturm ist die letzte Station, bevor wir den Weiler erreichen, wo ihre Familie in einem langgestreckten Bauernhof wohnt. Wir werden erwartet, begrüßt, Christl mit viel Freudestrahlen, Umarmen und Herzen; ich mit der Herzlichkeit für eine längst Bekannte. Eine für mich von zu Hause nur an hohen Festtagen aufkommende Wärme umflutet uns. Ich spüre, wie froh Christl ist, zu Hause zu sein, sehe die Ähnlichkeit mit ihrer quicklebendigen Mutter; die jüngere Schwester gleicht eher dem Vater.

Gleich nach dem Essen ziehen wir beide los, und Christl zeigt mir ihr Reich. Es geht einen Wiesenhang hinauf zu einem Buchenwäldchen, von wo wir eine gute Aussicht über die Umgebung haben. Wir sind so froh. Auf der Holzbank sitzen wir nieder, reden, was uns in den Sinn kommt. Wieder einmal entsteht gelassene Vertrautheit zwischen uns. Die Berge liegen in einem goldgelben leichten Dunst; sie nennt mir ihre Namen, wir wissen, wie es dort aussieht, wie es wäre, wenn wir dort oben stünden. Wir wissen so viel. Und morgen ist Sonntag, wie die Dorfglocken ausgiebig verkünden.

Den Abend verbringen wir in dem kleinen, niedrigen Wohnzimmer mit seinen kleinen Fenstern und den hellholzigen Möbeln. Sie lassen mich erzählen, wie's so ist mit dem Studium, was wir so gemeinsam machen. Die Schwester hockt im Schneidersitz auf ihrem Stuhl und hört gespannt zu. Der Vater raucht seine Pfeife und schmunzelt vor sich hin. Die Mutter sagt, wie schön das sei, daß wir so gute Freundinnen geworden seien. Christl ist von einer aufkommenden Erkältung ein wenig fiebrig, sie liegt auf dem Sofa, die Beine leicht seitlich angewinkelt. Ihr Kopf ruht mir zugewandt auf der Armlehne, die Wange aufs Polster geschmiegt. Sie schaut mich an mit blitzenden weitsichtigen Augen. Die Heftigkeit ihres Blicks wird gemildert durch ein ruhiges Schimmern und Leuchten, das den leichten, fast kindlichen Rundungen ihres Gesichts eine sanfte Offenheit voll ahnungsvoller Schönheit gibt. Mit diesem Gefühl sinke ich später in den Schlaf unter dem hoch sich bauschenden Plumeau.

Diese erste Erfahrung von menschlicher Schönheit blieb mir als Grundprägung weiterer Erlebnisse. Als gut aussehend oder attraktiv geltende Gesichter, wohlgeformte Männerleiber und ebenmäßige Frauengestalten bestaunte ich interessiert die Schaustücke in einer Vitrine hinter Glas, ohne sie in die Hand nehmen zu wollen. Aber die Schönheit, die ein Gesicht durchströmt, wenn Liebe eingetroffen ist oder wenn Erkenntnis aufscheint, auch wenn Erleichterung nach einem Schmerz sich ausbreitet oder wenn Verzweiflung sich zur Trauer mildert, solche Schönheit überzeugt einen ewigen Augenblick lang und bleibt in ihrer Wirkung aufgehoben.

Als sie wieder gesund ist, können wir einen längeren Spaziergang unternehmen. Ein starker Föhn rückt die Berge hinter den Wiesenhügeln wie Theaterkulissen heran, wirft weiße Wolkenstreifen vereinzelt mit dramatischem Gestus über den tiefblauen Himmel, verströmt eine jahreszeitlich illusionäre Wärme. Es herrscht eine Unwirklichkeit, die bald von einem Wetterumschlag weggefegt werden wird. Die Katzen sind ein Stück Wegs mitgelaufen und bleiben nun zurück. Mit einer soeben entdeckten Selbstverständlichkeit fassen wir uns an den Händen, schauen uns manchmal an mit vielen Spielarten des Lächelns und Lachens. Auf einer Anhöhe erreichen wir eine gotische Kapelle, von einer niedrigen Mauer umschlossen. Christl holt den Schlüssel im benachbarten Einödhof und läßt mich aufsperren. Drinnen im Halbdunkel unter den einfachen Gewölberippen der Ostseite hängt ein hagerer Christus aus braunschwarzem, rissigem Holz am Kreuz. Das schmale spätromanisch stilisierte, gefurchte Gesicht läßt je nach Standort Leiden, Liebe, Güte, Hoffnung erkennen, worüber wir uns leise verständigen. Draußen herrscht eine angespannte Föhnstille, hier drinnen ist es ruhig und kühl. Schmales Sonnenlicht fällt durch die Fenster. Als wir dann wieder hinaustreten, überkommt uns die Nachmittagshelle, und wir holen uns ein paar verrunzelte, blauschimmernde Zwetschgen von dem verwilderten Baum an der Mauer. Christl bringt den Schlüssel zurück, und wir treten den Heimweg an.

Es ist niemand da. In der aufgeräumten Wohnküche sitze ich in einer Müdigkeit, die etwas von Entrückung hat. Christl steht vor mir, leicht an den Küchentisch gelehnt, sinnend ausruhend. Eine schmerzhaft lustvolle Bewegung durchfährt mich, und ich beuge mich hinüber zu ihr, fasse sie um die Hüften und drücke mein Gesicht in die Höhlung unter den Rippenbögen. Gewölberippen, Umschlossenheit, ein Erlösergesicht aus weiter Vergangenheit, Christls Lächeln, Berührung und Angekommensein, die Stille der Gemeinsamkeit. Ein ungeheures Wagnis ereignet sich. Und ich fühle heftiges Pulsieren in mir und ein sanftes Fallen in unwahrscheinliche Tauchtiefen vergessener Liebe. Christl streicht mir über den Kopf. Wie gut, daß es uns gibt, dich und mich. Die Schönheit in unseren Gesichtern können wir nicht sehen, nur spüren.

Draußen kommt die Mutter zurück mit vollen Einkaufstaschen. Es soll ein vergnüglicher letzter Abend werden. Als wir zu Bett gehen, weht ein starker Wind mit heftigen Stößen ums Haus, und die ersten Regenschauer gehen nieder. Im regenfeuchten Morgengrauen des nächsten ganz gewöhnlichen Werktags gehen wir mit unseren Aktentaschen die Feldwege zum Bahnhof und fahren wieder in die Stadt. In den Weihnachtsferien werden wir uns wieder treffen.

Bevor wir über die Festtage zu unseren Eltern fuhren, verabredeten wir uns am großstädtischen Hauptbahnhof. Bis zur Abfahrt ihres Zuges stehen wir am Gitter neben der Fahr- und Bahnsteigkartenkontrolle einander gegenüber. Christl trägt einen neuen Wintermantel. Ein lichtblauer Wollstoff, leicht tailliert, unten etwas glockig, umschließt ihre schlanke Gestalt, ihr Hals von einem buschigen schwarzen Pelzkragen umrahmt. In ihrem Gesicht kann ich mehr erkennen als die gewohnte Wiedersehensfreude; Erleichterung, Erwartung, Offenheit, Zukunft. Und ich kann es ertragen und in die Wiedersehensfreude einstimmen. Ich bewundere den schönen Mantel. Es ist nur wenig Zeit, aber wir werden uns nach den Feiertagen wiedersehen. Über uns wölbt sich die Glas- und Eisenkonstruktion der Bahnhofshalle. Die Gleisstrecken führen unter ihr hinaus ins Freie und verzweigen sich in verschiedene Richtungen.

Zum Jahreswechsel schrieb ich, immer noch meiner Gefühle unsicher, in mein Tagebuch den Wunsch, ich möge Christl nie enttäuschen. Am Tag nach Neujahr brachte der Postbote einen Brief. Es war nicht Christls Handschrift. Ihre Schwester schrieb: Christl lebt nicht mehr; am Silvestertag auf einem Berggrat ausgeglitten und abgestürzt. Mein Herz steht still, ganz still, und beginnt dann wie rasend zu schlagen. Ein Wahnsinnsschluchzen reißt mich hoch und stößt mir aus dem Mund. Ich stehe mitten im Zimmer, entwinde mich einem Umarmungsversuch meiner Mutter. Mein so viel älterer Vater sitzt ernst und etwas hilflos im Lehnstuhl. Ich weiß nur: ich muß sofort hin zu ihr, nein, nicht mehr zu ihr, zu den Eltern, der Schwester, an den Ort des Geschehens.

Ich nehme den nächsten Omnibus über Land mit Umsteigemöglichkeiten, die kürzeste Strecke entlang der Voralpenkette, ohne die Großstadt mit den Bahnverbindungen zu berühren. Ich sitze da und schaue durchs Fenster des brummenden, kurvenden Postbusses auf die wechselnde Schneelandschaft. Ich fasse nichts und doch alles. Viele Stunden bin ich unterwegs. Dann ein Fußmarsch auf der gebahnten engen Landstraße zwischen sonnengleißenden Schneewehen. Die Feldwege sind zu, aber auch diese ungeteerte Straße sind wir im Herbst gemeinsam gegangen. Das Gehen auf dem mit Streusand durchmahlenen Schneegrieß ist beschwerlich, das Vorwärtskommen mühselig. Ich kann die Beine kaum mehr heben mit den schweren Schneeschuhen, kann kaum mehr atmen, kaum mehr leben. Es gibt keine Zukunft, nur die blendend schmerzende Sonne auf dem glitzernden Schnee. Der leichte Anstieg zum Dorf mit dem Zwiebelturm ist kaum zu schaffen. Um die Kirche liegt ein Friedhof. Traumwandlerisch gehe ich hinein, finde das frisch aufgeworfene Grab an der Mauer mit Blumen und Kränzen. So hat man sie schon begraben. Ich wollte sie doch noch einmal sehen! Erschöpft kauere ich auf der Steinumrandung eines benachbarten Grabes. Schneewasser tröpfelt vom Kirchdach in die Stille, die Turmuhr schlägt immer wieder, ohne daß ich daraus eine Uhrzeit mache. Ich weine so schrecklich, wie ich noch nie geweint habe.

Das letzte Stück zum Bauernhof ist ebener Weg. Es macht mir Angst. Ich kenne die Familie ja noch kaum. Ich habe nicht daran gedacht, Nachricht über mein Kommen zu geben. Sie umarmen mich, haben mich erwartet; erleichternde Tränen und heißer Tee zur Stärkung. Irgendwo stehen Verwandte herum. Einzelheiten erfahre ich später. Sie sei sogleich bewußtlos gewesen, habe wohl nicht gelitten. Sie sei so besonders fröhlich gewesen an diesem sonnigen Wintermorgen des Aufstiegs. Ein vereistes Wegstück auf dem Grat. Eine Felsenrinne hinunter, mehrere hundert Meter, niemand hat es gesehen, sie war plötzlich weg. Die Eltern waren nicht dabei, sie ging mit Onkel, Cousine und Schwester. Die Bergwacht holte sie. Einige Stunden später ist sie im Kreiskrankenhaus gestorben, ohne das Bewußtsein wiederzuerlangen, Kopf- und Rückgratverletzungen. Es sei besser so gewesen. Das kann doch alles nicht wahr sein! Ich sehe, daß Christl nicht mehr da ist, nur die andern sind da.

In der Nacht liege ich im unbeheizten Zimmer meine eigene Wärme suchend unter dem Plumeau, das sich über mir bauscht wie eine Schneewehe, schlafe endlich erschöpft und traumlos. Beim Erwachen am Morgen taste ich Eiskristalle an der Wand neben mir. Ein fahler Schrecken liegt im Zimmer. Dann wandert schräges Licht einer blassen Morgensonne durchs kleine Fenster über Tisch und Stuhl und Holzboden und schmerzt. Die Mutter klopft an die Tür, und mir kommen die Tränen. Später reisen die Verwandten ab. Es versteht sich, daß ich bleibe. Die Eltern leiden und trauern unmäßig, lassen aber keine Verzweiflung aufkommen. Sie kümmern sich besorgt um die jüngere Schwester, die manchmal kraftlos im Stuhl hockt, manchmal die Eltern zu trösten versucht. Einbezogen in das Wogen des Trauerns und einander Beistehens kann ich doch keinen Trost finden.

Schließlich will ich hinaus, allein sein, gehe planlos die Wege ab, die wir gemeinsam gewandert sind, gehe, stapfe im tiefen Schnee. Es ist bewölkt, aber verspricht, schön zu werden. Mein Schmerz reißt zum Schluchzen auf, als die Erinnerungsbilder kommen. Ich gehe, stapfe immer weiter, ihr Gesicht vor Augen. Aus meinem rasenden Schmerz steigt eine irre, brennende Liebe zum Leben auf, unbegreiflich Sinnvolles jenseits von Sprache und Trost. Unerträgliches Leiden verschmilzt in nicht faßbarer Daseinsfreude. Ein Gefühl der Nähe zu ihr und zu etwas Offenem, Weitem, Lichtvollem überwältigt mich. Mitten im Schnee unter einer Sonne hinter hochfliegenden Dunstschleiern bleibe ich stehen. Etwas von Christl dauert in mir fort.

Die nächsten Monate verbringe ich meist im Bett, eine schwächende Infektionskrankheit hat mich erfaßt. Die Nächte sind lang, und jeden Morgen tritt der Schrecken heftiger ins Bewußtsein. Ich weiß nicht, wie ich's ertragen soll und ertrage es doch. Das Wort Liebe stellt sich nun wie von selbst ein. Zwischen Wachen und Schlafen kommen die Erinnerungen und weiten sich zu einem gefahrlos glücklichen Land der Phantasie. Ich fühle mich als Mann, der sie kennenlernt, ihre Scheu aufzulösen versucht, an ihrer Lebensfreude teilhaben möchte. Im Hörsaal, in meinem kleinen Zimmer, zwischen den Katalogschränken, im Vorortgarten, beim Schwimmen, auf den Universitätskorridoren und viele Male im Voralpendorf mit seinem Umland treffe ich sie, nähere mich ihr. Immer wieder lasse ich eine erwartungsvolle und freudige, zehrende und dehnende, zögernde und drängende Spannung entstehen, die das Glücksgefühl schon in sich hat und sich in körperlicher Berührung zu lösen beginnt. Aber ich lasse dies nie zu Ende kommen, beginne immer wieder von neuem. Wir sehen uns an, wir fassen uns an den Händen beim Gehen über Feldwege, wir rollen uns im Gras, wir legen uns gegenseitig die Hände auf die Schultern und tauchen uns im Wasser unter, wir liegen umschlungen und Wange an Wange unter dem großen, sich bauschenden Plumeau. Ich spüre ihren Körper und versinke in tiefen Schlaf.

Mit dem Frühling kehren die Kräfte allmählich in meinen abgemagerten Körper zurück, und ich kann wieder hinausgehen. Die Amseln schlagen unentwegt und durchdringend den unruhig beschleunigten Pulsschlag der Natur. Da ist die schwarzumränderte Karte mit den gedruckten Worten: »... am Raschberg abgestürzt« und die Frage, warum jetzt alles aus ist, bevor es so recht begann. Aber da ist auch die Gewißheit, einmal geliebt und erkannt worden zu sein. Und über ihren Tod hinaus hat sie mich das Lieben gelehrt. Dann überrascht mich unwägbare Hoffnung, plötzlich überzeugend und erquickend. Ich spüre Veränderungen, die ich noch kennenlernen werde.

Ich bin nun doppelt so alt wie sie bei ihrem Tod. Zwischen uns liegt die Distanz vieler Erlebnisse und Erfahrungen, die mich geprägt und verändert haben. Auf die Frage, wie Christl sich entwickelt hätte, unsere Beziehung verlaufen wäre, gibt es nur das Schweigen eines jähen Endes. Die in den Fotos mit der weißgezackten Umrandung festgehaltene Vergangenheit ist unwirklich geworden. Geblieben sind fossile Bildabdrücke von bleibender Schönheit in den wachsenden Sedimentschichten meines Bewußtseins.

Martina Müller
Tauwetter in St. Louis

Bei 10 Grad Fahrenheit gefroren im Bad die Leitungen. Seit zwei Wochen die ganze Region heimgesucht von Schneestürmen. I'm dreamin' of a white Christmas. Eiszeit.

Schnee bis unters Fensterbrett. An den drei Fensterfronten meines sunrooms tanzten die Eisblumen den ganzen Tag. Glücklich, wer eine Wand hat, an die sie sich lehnen kann ... die einzige Wand meines Zimmers aus dünnem Sperrholz, die den sunroom vom Rest der Wohnung trennte.

Albert schon zwischen Tür und Angel. Er mußte zurück an die Donau. Albert, den ich schon für seinen wienerischen Akzent lieben mußte. Als Souvenir ließ er mir ein Packerl Abschiedsschmerz zurück. Mit diesem Bündel, drei Pullover übereinander, drei Paar Socken in den zu engen Schuhen, stand ich wortlos am Flughafen und starrte auf die Rollbahn. How silly. Vor lauter Tränen verpaßte ich den Start des Flugzeugs. Sag' zum Abschied leise Servus.

Während das Flugzeug lautlos einen letzten Bogen über der Stadt zog, trottete ich zurück zum Auto, ging in der Zeit zurück: Eine Erinnerung an wärmere Zeiten.

Es ist Herbst. Meine Freundin Dana und ich in meinem sunroom. Wir kennen uns erst kurze Zeit. Sie spricht, formt in deutscher Sprache, mit ihrem kaum noch wahrnehmbaren amerikanischen Akzent, lange Sätze. Wie schön sie das kann. Manchmal eile ich ihr zur Hilfe mit einem Wort, nach dem sie sucht. Ich versuche, ihr auf dem Weg ins Mittelalter zu den Mystikerinnen zu folgen. Irgendwo im 18. Jahrhundert bleibe ich stecken und habe sie dann verloren. Aber das gebe ich nicht zu, will, daß sie in mir die Gesprächspartnerin sieht, die ebenso klug zuhören kann wie sie redet.

Da kommt uns Albert mit seinem Lederrucksack dazwischen, steht in der Tür, läßt sich erschöpft zu uns auf die Matratze nieder. Mit verspanntem Rücken hockt er nun da. Begehrt leise nach einer Massage. Danas Hände wissen, was sie tun, als sie beginnen, behutsam Alberts Rücken zu streicheln. Albert genießt. Welcher Part ist mir zugedacht? Auch ich habe Hände, die verwöhnen und berühren können. Albert weiß das. Ich erkunde seine Waden, arbeite mich sanft streichelnd und Haut ertastend an den Beinen hoch. Blinzele zu Dana hinüber, beobachte, wie sie es macht und versenke mich dann wieder in meine Bewegungen und Alberts Atem. Es ist dunkel geworden. Er liegt auf dem Bauch und atmet, wir gleiten wie Ruderer lautlos über die Wellen seines Körpers, lassen unsere Hände gleichmäßig in sein Fleisch eintauchen. Auf und ab, vor und zurück, ein und aus. Keine hört, daß die Musik schon lange aufgehört hat zu spielen, keine bemerkt, wie das Wachs der Kerze langsam die Fugen im brüchigen Parkett tränkt. Für eine kurze Weile ist es wirklich still. Mitten in diese Stille hinein, wie aus einem Traum erwacht, schreckt Albert plötzlich auf, packt hastig und mit gesenktem Blick seine Sachen in den Rucksack, murmelt etwas von ›wie müde ich bin, muß nach Hause, telefonieren‹. In der Verwirrung verstehe ich fast nichts von diesem Redeschwall. Schon ist er aus der Tür, läßt uns das zerwühlte Laken zurück. Schwere schwüle Vor-Gewitterluft steht im Raum. Dana und ich sehen uns an. Ja, der Albert, da hat er wohl Angst gekriegt vor dem, was vielleicht hätte passieren können, analysiert Dana die Situation. Was sie wohl meint?

Zum ersten Mal an diesem Tag mußte ich lächeln. Lange einsame Winterabende und -nächte. Am Fenster stehen und den Autobesitzern beim Freischaufeln ihrer Fahrzeuge zuschauen. Der ganze Schnee, den sie wegschafften, türmte sich vor mir und in mir auf. Umschlossen von weißem Nichts in meinem sunroom. Nichts denken, nichts fühlen.

Lawinengefahr.

In diesem Winter erfroren in der Stadt 30 Menschen in ihren Wohnungen, las ich in der Zeitung. Der Stamm des Magnolienbaums vor meinem Fenster bis zu den Zweigen eingebettet in sein Winterkleid. Er würde nie wieder blühen, das stand fest.

Als survival training den Schmerz in Lektüre ertränken. Der »Grüne Heinrich« war auch allein, die meiste Zeit. Dabei war ich schon längst nicht mehr einsam. War schon mittendrin in dieser Geschichte, ohne es bemerkt zu haben, ohne zu ahnen, was sie vorhatte.

Albert war also weg, aber Dana war immer noch da. Dana, die kluge mastress of arts mit deutschen Vorfahren, wandelnd auf den Spuren der deutschen Mystikerinnen, die mit Lust Gott dienten, so wie sie, schmetterlingshaft, mit Lust der Lust diente.

Ich leckte meine Wunden und ließ sie von meinem bitteren Abschiedsschmerz kosten, den sie mir wie eine Zauberin mit chocolate cake versüßte.

Die einzige Vertraute in diesem Winter. Meine Schmetterlingsfreundin Dana, die einige Stunden ihrer knappen Zeit mit mir, nur mit mir, verbrachte. Meine Freundin mit dem archäologischen Interesse an meinen verborgenen, verschütteten Fundamenten. Was sie bei ihren Ausgrabungen finden würde, wer konnte das damals wissen? Vielleicht ahnte sie es, vielleicht.

Ich dagegen fischte im Eismeer, meißelte kleine Atemlöcher in die Eisschicht. Sie schickte kurze Notizen, die ich gelegentlich in meiner Instituts-Mailbox vorfand. Gedanken, Ermunterungen, Vorschläge für Verabredungen, in flüchtiger Handschrift schnell auf benutzte Zettel gekritzelt, wanderten zwischen uns hin und her:

»Weißt Du eigentlich, daß die Mystikerinnen kein Fleisch aßen? Bist du auch so eine? ... Especially after I left you, I was in a good mood to just share and accept things as they are ... I'm not sure, whether there's time for our Downstreet café, höchstens ziemlich spät ... Sehen wir uns beim Tanz? ... I'm also sensing increasing intensity with you as well as distance ... Ich muß heute schwimmen, kommst du? ...« An Duschen zu Hause war in diesem Winter nicht zu denken. Wegen des gefrorenen Wassers. Also gingen wir schwimmen, so oft sie Zeit hatte. Das Bad gehörte ab neun Uhr immer uns. Swimming dates, Lichtblick in dieser kältesten aller Zeiten Jahreszeiten. Gefühle under cover, unter der zwei Meter dicken Schneedecke verborgen. Bis auf die Freude, mit ihr zum Pool zu fahren. Dana mit den großen mütterlichen Brüsten, die mit den Hexen sprach und lebte und mir unter ihren Flügeln Schutz gewährte. Wie ein waidwundes Tier suchte ich ihre Nähe rein freundschaftlich. Jede flüchtige Berührung ein Riß in der Eisdecke.

Intermezzo.

Die Blätterflut verstummte, als der Besuch aus Deutschland kam. Keine Notes, keine Ausflüge mehr in »unser« Downstreet-Café, keine Swimming dates. Pia eroberte Dana im Sturm, sie war wild und auf der Flucht. Ich mochte Pia von Anfang an nicht. Sie war laut und nahm sich, was und wen sie wollte. Gimme shelter! Und Dana gab ihr was sie begehrte, Unterschlupf bei und in sich für drei Wochen, ließ sie ruhen unter ihren großen Brüsten. Die wenigen Male, die wir drei zusammenkamen, litt ich Tantalusqualen. Aber um Dana nahe zu sein, um ein Sympathiekrümel zu erhaschen, den sie in meine Richtung fallenlassen könnte, ertrug ich die Folter – mit gemischten Gefühlen.

Tuschelnd, die Köpfe zusammengesteckt, laut lachend saßen sie mir gegenüber in irgendeinem coffee shop – denn das Downstreet-Café war, ohne daß wir dies vereinbart hätten, tabu für die beiden. Tatsächlich, sie flirteten. Ich davor als stumme Zuschauerin dieses Dramas in die erste Reihe des Parketts verbannt. Die aufkeimende Eifersucht wie Unkraut immer wieder auszupfte.

Was damals unter der Dusche wirklich passiert ist, unter der der Besuch und Dana so unendlich lange Zeit verbrachten, während ich unten in der Küche auf sie wartete, um die beiden zur Demo abzuholen, habe ich nie erfahren. Und ich wollte es auch nicht so genau wissen. Lachend stürmten die beiden mit noch feuchten Haaren schließlich die Treppe herunter. Es war ihnen nicht die Spur peinlich, eine Ohrenzeugin ihres whatever gehabt zu haben. Ich wurde rot. Sie gingen zur Tagesordnung über: What's up?

Tausend Frauen marschierten dichtgedrängt in der Dunkelheit durch die Slums. Wir protestierten. »Women take back the night!« Die Passanten und Bewohnerinnen der anliegenden Häuser riefen uns zu, Ermunterung, Zustimmung. Ich fühlte mich stark. Dana, Pia und ich liefen nebeneinander her. Dana in der Mitte. Und fielen ein in die Sprechchöre: »Women take back the night! Two, four, six, eight, nor more violence, no more rape!«

Wir hakten uns ein. Später hielten sich Dana und Pia an den Händen. Später gingen wir drei Arm in Arm. Später gingen Dana und Pia etwas abseits. Später begleiteten sie mich nach Hause. Ich winkte ihnen nach, ohne zu lächeln. Später nahmen sie sich die Nacht.

Ich neidete Dana die Eroberung. Nein, nicht das Duscherlebnis, sondern das nebulöse, unausgesprochene Mehr der vulkanartig ausgebrochenen, sich ergießenden Vertrautheit, neben der unsere Freundschaft wie ein ruhiger Bach plätscherte. Neidete ihnen das Band, das sich zwischen ihnen in Leidenschaft straffte und dehnte, und um das ich sie gerne kastriert, das ich so gern durchbissen hätte, um Dana wieder ganz für mich zu haben. Nicht, um an Pias Stelle ähnliches mit ihr zu erleben, sondern sie als Freundin wieder zu gewinnen. Dachte ich. Hatte ich ein Recht, etwas von Dana zu fordern? Schließlich waren wir nur Freundinnen.

Ich zählte die Tage bis zu Pias Rückflug.

Endlich konnten wir unsere Swimming dates wieder aufnehmen. Je öfter wir dorthin gingen, um so länger wurden unsere Strecken. Angespornt durch das Pensum der anderen, schwammen wir mühelos, ohne Pausen, jede auf ihrer Woge, selbstvergessen den eigenen Gedanken nachhängend, eins mit den Wellen, den eigenen Bewegungen, dem eigenen Atem. Manchmal kreuzten sich unsere Wege im Wasser.

»Du gleitest durch das Wasser wie ein Delphin.«

Sie mußte mich beobachtet haben, während ich meine Bahnen zog.

Unsere nackten Körper zwischen den weißgekachelten Wänden der Umkleideräume. Ich verbot mir, sie anzusehen. Beim Duschen nicht, nicht in der Umkleide, wenn ich sie um ihre Hautcreme bat, oder wenn sie mich bat, ihr den Rücken einzucremen.

Aber ich paßte auf, wenn sie mir den Rücken zuwandte. Dann konnte ich sie im Spiegel ohne Scham betrachten. Schnappschüsse: So sah sie von hinten aus, wenn sie sich eincremte, so, wenn sie sich ankleidete, so, wenn sie sich die Haare kämmte. Sie sollte es nicht merken. Die schüchterne Sehnsucht in meinem Blick nicht sehen. Warum nur, warum?

Oder aber hatte sie sie längst schon gespürt, selbst ohne mich anschauen zu müssen? Was tat sie wohl, wenn ich ihr im Bad den Rücken zuwandte?

Felicitas mon amour! Darf ich dich so nennen? Erhöre mich, die ewig Unerhörte! Aber mein Mund ist versiegelt. Du roter Traum, begehrt von allen Jungen der Klasse und von mir. Wie du dir die Feuersträhne aus dem Gesicht streichst, einfach schön. Ich will nur deine allerbeste Freundin sein. Nein, da ist noch et-

was anderes. Aber was dieses andere ist, kann ich dir nicht sagen, es hat keinen Namen und keinen Raum. Wenn ich es endlich geschafft habe, mich mit dir zu treffen, was nicht leicht ist bei deinen vielen Verehrern, sitzen wir bei Gesprächen zusammen, ich rücke immer näher, werde unruhig, beobachtete, wie ich sitze, wie ich spreche, um den bestmöglichen Eindruck zu machen. Warum nur, warum? Ich will den roten Traum ganz für mich. Um was mit dir zu erleben? I didn't know.

In Danas Auto war es warm, die Musik dezent. Duft von Chlor und Hautcreme, gerötete Augen, und die halbtrockenen Haare unter Kapuzen versteckt. Bei Crosby, Stills, Nash and Young grölten wir mit. Zehnmal das gleiche Stück, die ganze Strecke vom Schwimmbad bis zu mir. Oder zum Downstreet-Café, in dem wir oft die einzigen Gäste waren. Wenn wir nicht redeten, lasen wir, Vorbereitung für den nächsten Tag, das nächste Seminar, die nächste Hausarbeit, die nächste Unterrichtsstunde.

Glücksmoment: Von der Lektüre hochblicken und die andere beim Lesen betrachten. Vielleicht tauschten wir uns auch über das Gelesene aus, aber meistens tauchte jede in ihre Welt ab. Da fing ein Teil des Schnees um mich und in mir an zu schmelzen.

Magda, Maria und ich. Wir drei. Unzertrennlich in der Studienzeit. Zwischen Literaturdiskussionen und Disco muß es passiert sein. Die beiden verliebten sich ineinander. Lautlos. Heimlich. Wenn ich die zwei abends verließ, fing für sie die Nacht erst an. Das ging eine ganze Weile so. Und während ich unser Triumvirat immer noch unzertrennlich wähnte, hatten sie eine Dimension erreicht, die mir verschlossen blieb, die sie vor mir verschlossen, wie die Tür, zu der sie mich an jenen Abenden begleiteten. Das Begehren in ihren Augen mit dem Weingenuß wegerklärten.

Wieder ein gemeinsames Dinner. My creole belle, I love

you well . . . Wieder ein Gespräch. Wieder dieses unheimliche, unerklärliche, nicht wegzuerklärende Ziehen in der Herzgegend. Wieder, immer wieder diese Blicke, die länger zu werden verlangten. Diesmal nicht die Kraft, erneut wegzuschauen. Nein, diesmal, von ihrem Sog gezogen, hinschauen müssen.

Dann, beim Nachtisch, plötzlich:

»Was würdest du tun, wenn ich dich jetzt ganz leidenschaftlich auf den Mund küsse?«

Auf Deutsch. In allen Gehirnwindungen nach einer Antwort fahnden auf diesen Vorstoß. Sie meinte mich. Oh sweet temptation. Oh Felicitas, oh Albert, oh Magda und Maria. Ich war gemeint. Weder auf Deutsch noch auf Englisch noch in irgendeiner anderen Sprache fiel mir etwas ein. Statt dessen Verwirrung in meinem Verstand und Röte auf meinem Gesicht. Ich murmelte nur noch, zweisprachig. Quälte mir ein »wonderful« über die verzerrten Lippen. Dann beugte sie sich über den Tisch zu mir. Küßte. Mich. Still. Nicht leidenschaftlich. Sanft. Heiß. Anders. Klar. Noch eine Untiefe im Eismeer. Sehnsucht und Wirklichkeit für einen Moment, in dem die Zeit stillstand, vereint. Ich hatte verlernt, wie ich in einem solchen Moment zu reagieren gewohnt war. Ich mußte wieder an die Magnolie vor dem Haus denken. Als wäre dies der erste Kuß, den ich in meinem ganzen Leben je gespürt hätte.

Es dauerte eine Ewigkeit, bis der Kellner mit der Rechnung kam. Mit dem Wechselgeld wünschte er uns ›a nice evening‹. Darüber mußten wir schmunzeln. Wie wir zu meiner Wohnung kamen, weiß ich nicht. Sie lag in Gehweite. Wir mußten leise sein. Meine room mate schlief schon.

Sie blieb bei mir. Einige Stunden. Liebte mich. And it felt so fucking good. Dann ging sie. Ich hatte keine Worte für das, was wir zwei in dieser Nacht taten, keine Erklärung, keine Antwort und keinen Namen, weder auf Englisch, noch auf Deutsch. Aber das war es, das war es, was ich damals von sweet Felicitas gewollt hatte. Jetzt wußte ich es. Ich war verliebt. In eine Frau. Dana mit den großen Brüsten, meine feministische Freundin von den Hexen hatte mich zu ihrer Geliebten erwählt.

Goodness, gracious! Hoffte, daß sich der Schmetterling nun länger auf mir, und nur auf mir, niederlassen würde.

Seit dieser Nacht liebten wir uns überall. Auf dem Teppich vor dem Kaminfeuer, vor dem Backofen, in dem die Ratatouille brutzelte, in ihrem Sprechzimmer in der Uni, an den Ufern des Maramac River. Es war nicht exotisch. Es war nicht fremd. Ich liebte eine Frau. Es taute.

Julia Bähr
Der Subjektive Faktor

1970 gehörte es sich, Marxistin zu sein. Besonders, wenn frau bürgerliche Eltern hatte und das Jahr 1968 an der FU Berlin verbrachte. Nach drei Jahren Nippen an der Berliner Revolution und intensiver Psychotherapie, die dazu dienen sollte, aus einer jungen Frau, die ständig für andere Frauen schwärmerische Zuneigungen entwickelte, ein reifes heterosexuelles Wesen zu machen, war ich sexuell von unbestimmter Identität und politisch eine überzeugte Linke. So kehrte ich von Berlin nach Köln zurück, arbeitete halbtags in einem gewerkschaftseigenen Verlag und verbrachte die Nachmittage damit, die Revolution in der Provinz voranzutreiben. Über Birgit, eine Arbeitskollegin, und ihren Mann Jürgen bekam ich Kontakt zu oppositionellen Betriebsräten und Menschen aus linken Verbänden. Zusammen machten wir »APO-Press Köln«, ein einmal im Monat erscheinendes Blatt, mit dem wir der Springer-Presse die Stirn bieten wollten.

Eines Abends im Sommer tagten wir bei Birgit und Jürgen in der Wohnung, als in der Apotheke gegenüber ein Brand ausbrach. Auch Linke sind nicht vor ganz banaler Neugier gefeit, und so hängten wir uns alle aus dem Fenster und schauten dem Aufzug der Feuerwehr zu. Hinter mir stand Ursula, eine andere Frau aus der Gruppe. Als sie sich aus dem Fenster beugte, berührte ihr Busen meinen nackten Arm. Es irritierte mich, daß ich diese Berührung wahrnahm, sie genoß. Gerade schien doch die Psychotherapie endlich angeschlagen zu haben: Ich hatte seit kurzem einen Freund, einen älteren verheirateten Kollegen aus dem Verlag, mit dem ich es auf Dienstreisen in Hotelzimmern trieb, und unter der Woche im Grünen, oder auch schon mal in seinem Büro. Lange hatte ich mich nach der Liebe der Frauen gesehnt. Das schien nun vorbei. Oder doch nicht?

Ursula war die Intellektuelle bei »APO-Press«. Sie hatte nicht nur die »Kapital«-Schulungsheftchen gelesen, sondern auch die Marxschen Frühschriften und kannte Adorno und Marcuse nicht nur vom Hörensagen. Das machte sie mir gleich sympathisch. Eine Schwester im Geiste sozusagen. Denn in Berlin war ich ja mit auf die Straße gegangen, weil wir im Sinne von Marcuse und Horkheimer gegen die bürgerliche Gesellschaft, ihre manipulative Presse und ihren repressiven Staat protestierten. Ohne daß wir deshalb die Sowjetunion oder die DDR verherrlicht hätten, wie Jürgen und Birgit das dauernd machten. Ursula war also eine Verbündete gegen die platten Klassenkampfparolen, mit denen Jürgen und Birgit meine Solidarität mit dem real existierenden Sozialismus einfordern wollten.

Ursula war zwei Jahre älter als ich, gerade dreißig. Ich fand, daß sie sehr gut aussah. Aber wenn ich versuche, mir ihr Bild ins Gedächtnis zu rufen, fallen mir Einzelheiten ein wie die im Verhältnis zu ihren kräftigen Schultern etwas zu dünn geratenen Beine, ihre schmalen Lippen, ihre spitze Nase. Dieser sezierend kühle Blick zurück – eine späte Rache?

Sie hatte kastaniendunkles Haar und dunkle Augen. Und sehr bald hatte ich mich in sie verliebt. Sie stammte aus einer Arbeiterfamilie im Bergischen und war eigentlich Industriekauffrau. Jetzt aber arbeitete sie als Sekretärin beim Naturfreundeverband. Völlig unter Wert, wie ich fand. Bei dem Gedanken, daß ihr Chef, der dicke, gutmütige, aber nicht besonders helle Geschäftsführer, ihr Briefe diktierte, zuckte ich vor Wut und Scham und Zärtlichkeit zusammen.

Es war nicht nur die Zeit des Klassenkampfes, sondern auch der Wohngemeinschaften. Jürgen, Brigit, Ursula und ich beschlossen, zusammenzuziehen, um, wie wir meinten,

»APO-Press« besser machen zu können. Wir fanden ein großes Einfamilienhaus mit Garten, eigentlich ganz toll. Ich bezog dort ein Dachzimmer mit Blick in den Garten. Ursula hatte auch ein schönes Zimmer, unter meinem, mit Balkon. Wir beide teilten uns ein Bad, was wir zusammen rosa anstrichen. Allerdings hatte »APO-Press« inzwischen seine besten Zeiten hinter sich. Die politischen Konflikte zwischen uns wurden tiefer. Birgit und Jürgen waren der neugegründeten DKP beigetreten. Die Bekämpfung des »staatsmonopolistischen Kapitalismus« war ihnen nun das wichtigste Ziel, dem sich alles unterzuordnen hatte. Auch die Bedürfnisse der Menschen nach sinnvoller Arbeit, befriedigenden Liebesbeziehungen und Abbau von Hierarchien. Ich hatte damals Ärger am Arbeitsplatz, weil mein Chefredakteur mir wenig Spielraum ließ, mich im Grunde als Zuarbeiterin für die eigene Herrlichkeit benutzte. Mit einem Mann wäre er sicher nicht so umgesprungen, dachte ich. Auch hatte ich immer Angst, als lesbisch eingeschätzt und abqualifiziert zu werden; jahrelang wagte ich deshalb zum Beispiel nicht, in Hosen am Arbeitsplatz zu erscheinen. Ursula sagte, die persönliche Situation, das Leiden an den Verhältnissen, nicht nur am Arbeitsplatz, auch in Beziehungen, in der Familie, müsse zum Ausgangspunkt von Politik gemacht werden. Birgit und Jürgen hielten das für kleinbürgerliche Abirrungen, ja sogar für Klassenspaltung. Während die beiden mit ihrer kleinen Tochter in den unteren Räumen in Familie machten, hockten Ursula und ich in den oberen Räumen und diskutierten nächtelang über den »Subjektiven Faktor«, ohne den Politik nur eine weitere Form von Entfremdung sei.

Der Marxismus erschien mir damals als der plausibelste Versuch zu erkennen, was die Welt im Innersten zusammenhält. Außerdem hatte er für mich eine Art geistigen Snob-Appeal: Wer sich in dieses hochkomplizierte Denksystem eingearbeitet hatte, gehörte ja wohl zur geistigen Elite, zu der ich mich damit insgeheim zählte. Aber mit meinem wirklichen Leben hatte das wenig zu tun. Ich hatte zwar schon Simone de Beauvoir gelesen und war auf der SDS-Delegiertenkonferenz Zaungast gewesen, auf der die berühmten Tomaten flogen. Die Flugblätter der aufmüpfigen SDS-Frauen hatte ich sorgfältig aufgehoben und mit nach Hause genommen. Vieles von dem, was ich da las, gefiel mir wohl. Aber das im »Republikanischen Club« oder bei »APO-Press« einzubringen, traute ich mich nicht. Mein Chef, einer der großen alten Männer des nichtdogmatischen Sozialismus, oder Jürgen, der inzwischen im Betriebsrat seiner Firma den Klassenkampf vorantrieb, würden ja wohl kaum was anfangen können mit Parolen wie »Befreit die sozialistischen Eminenzen von ihren bürgerlichen Schwänzen!«. Ich hatte auch Angst, als männerfeindlich abgestempelt zu werden, wenn ich vielleicht ausspräche, daß ich außer den Arbeiterinnen auch noch andere Frauen für unterdrückt hielt, mich zum Beispiel.

Da fand ich es doch recht entlastend, als Ursula mir eines Tages einen Artikel zeigte, den sie aus »Twen« kopiert hatte. Darin machte eine gewisse Marielouise Jurreit (später Jansen-Jurreit) mit den radikalen Parolen der amerikanischen Frauenbewegung bekannt. Die Amerikanerinnen wollten den männlichen Chauvinisten ans Leder, ganz unabhängig vom Klassenstandpunkt! Wenn Ursula, die offensichtlich Sexualität mit Männern hatte und deren marxistische Theoriefestigkeit außer Zweifel stand, das gut fand, konnte ich mich ja wohl auch ein bißchen weiter vorwagen.

In unserer WG-Küche prallten die Gegensätze aufeinander. Die revisionistischen Stamokap-Frauen und -Männer witterten Klassenspaltung, wenn Ursula, von mir sekundiert, behauptete, auch der Proletarier unterdrücke seine Ehefrau.

Als »kleinbürgerliche Abweichung« galt natürlich auch Ursulas Behauptung, der Paragraph 218 unterdrücke nicht nur die Arbeiterin sondern auch die bürgerliche Frau. Eifrig studierten wir beide die Abtreibungsregelungen in den sozialistischen Ländern. Und siehe da, sie waren meist bevölkerungspolitisch inspiriert, wie in Rumänien, wo Abtreibung verboten war. Auch in der DDR war sie bis 1972 illegal (außer aus medizinischen Gründen). Diese Fakten klatschten wir dann Birgit und Jürgen bei den abendlichen Küchendiskussionen um die Ohren.

Lange bevor italienische Feministinnen das »Affidamento« erfanden, eine Art Guru-Verhältnis zwischen zwei Frauen, hatte ich mir Ursula zum geistigen Vorbild genommen. Übrigens nicht nur zum geistigen. Wir lebten quasi zusammen, verbrachten auch viel Freizeit miteinander. Mir gefiel auch sehr, daß Ursula so sportlich war. Wir machten lange Wanderungen an der Mosel und im Siebengebirge, gingen sonntags zum Schwimmen an die Kölner Baggerseen. Auto fuhr sie wie eine Göttin, fand ich. Falls mein Käfer, den ich ihr oft überließ, das richtige Gehäuse für eine Göttin abgab. Auch im Auto diskutierten wir weiter, sie mit Sonnenbrille, gewissen modischen Accessoires durchaus nicht abgeneigt. Und dann hatte sie diese unnachahmlich lässige Art, den Schaltknüppel mit der flachen Hand in den vierten Gang zu schieben, was ich mir dann auch angewöhnte.

Und wie sie Ski lief! Den Parallelschwung so wie sie hinzukriegen, kontrolliert und gleichzeitig harmonisch und flüssig, daran arbeite ich heute immer noch. Im Winter waren wir auf einer Naturfreundehütte in den Allgäuer Alpen. Ursula war recht herb zu mir, wie manchesmal auch das Wetter: »Schneesturm? Ach Quatsch, ich dachte, du bist zum Skilaufen hergekommen!« Sie war cool und leistungsorientiert, mit Schwächen konnte sie, glaube ich, nicht so gut umgehen. Im Grunde war sie humorlos, konnte aber recht sarkastisch sein, wenn sie sich in unserer WG-Küche über die »Frauenfrage als 22. Nebenwiderspruch« lustig machte.

Daß wir soviel Zeit miteinander verbrachten, hatte ich dem Umstand zu verdanken, daß ihr Freund Werner, ebenfalls Funktionär beim Naturfreundeverband, wochentags in Stuttgart arbeitete, und wenn er nach Köln kam, meist noch dienstliche Termine hatte. Werner war mittelgroß, blond, ein Schwabe von der eher lockeren, lustigen Art; übrigens war er verheiratet. Wenn Werner da war, hatte ich nicht mehr viel zu vermelden. Das heißt, ich wurde eigentlich nicht ausgeschlossen, zog mich aber nach kurzen Begegnungen diskret zurück. Die Hühnersuppe auf dem Herd in der WG-Küche kochte dann für ihn. Und die Tür zu Ursulas Zimmer blieb schon am frühen Abend zu. Ich saß einen Stock darüber im Dachzimmer und machte mir so meine Gedanken.

Mit meinen Gefühlen hatte ich mich in einer Situation eingerichtet, die ich schon kannte: ich schwärmte mal wieder für eine kluge, gutaussehende aber coole, stockheterosexuelle Frau. Ich weiß nicht mehr, wie ich ihr gesagt habe, daß ich noch mehr und anderes von ihr wollte als die politischen Diskussionen, das Schwimmen und Skilaufen. Der Subjektive Faktor wird es mir erleichtert haben, diese Botschaft an die Frau zu bringen. Nur leider fiel sie dort nicht auf fruchtbaren Boden. Ursula erklärte sachlich, sie hätte mich gern, sei aber nicht lesbisch und deshalb auch erotisch nicht an mir interessiert. Dann leitete sie zu einem unserer üblichen Gesprächsthemen über, an jenem Abend vielleicht eine Diskussion darüber, was die Linke von Bundeskanzler Brandts Parole »Mehr Demokratie wagen« zu halten habe.

Im Sommer darauf fuhren wir zusammen drei Wochen nach Südfrankreich. Werner war mit seiner Familie in Urlaub. In den französischen Betten, die Ursula und ich uns unterwegs teilten, schlief ich schlecht. Ich wollte ja nicht nur tagsüber mit ihr im Mittelmeer schwimmen, sondern auch nachts meinen Kopf an ihrem Hals bergen, in ihren Armen liegen. Aber das war nicht drin. Ursula wollte mit mir in Val d'Isère eine Bergtour machen (wobei sie mich schalt, weil ich in Turnschuhen antrat), mit mir die Festungswälle von Aigues Mortes abschreiten und auf dem Markt von St. Tropez Käse für unser Picknick einkaufen. Aber in den Armen halten wollte sie mich nicht. Und ich, ich wollte mich offenbar in Sehnsucht verzehren. Ich begnügte mich mit dem, was ich bekam, hoffte aber weiter und sehnte mich. Das ging gut, solange ich Ursula für mich allein hatte. Werner verkraftete ich gerade noch. Der war ja schon vor mir dagewesen. Aber als Ursula mich eines Abends allein im Hotel zurückließ, sich nochmal ins Auto schwang, um sich im Nachtleben von St. Tropez umzutun, reagierte ich muffelig. Mit Genugtuung bemerkte ich, daß sie offenbar nicht gefunden hatte, was sie suchte, weil sie schon vor Mitternacht wieder da war. Natürlich hatte ich kein Auge zugemacht.

Zurück in Köln, war ich einmal ganz mutig. Wieder hatten wir lange in ihrem Zimmer gesessen, geredet, Cognac getrunken. Als sie meinte, sie müsse jetzt aber schlafen, sagte ich, vom Alkohol kühn geworden, ich würde gern bleiben. In ihrem schmalen Bett rückte sie für mich zur Seite. Was Sexualität sei, hatte ich in drei unterschiedlich kurzen Affären mit Männern gelernt. Ich begann also, sie zwischen den Beinen zu streicheln, was ich aber von Alkohol und Müdigkeit überwältigt, bald aufgab. Es war ja auch nicht Sexualität was ich wollte, sondern ihre Zärtlichkeit. Ursula sagte: »Warum hörst du auf?« Irgendwie schliefen wir dann ein, ein unruhiger Schlaf mit viel Hin- und Hergewälze in dem engen Bett. Am Morgen hüpfte sie schnell heraus und verlor kein Wort mehr über die Angelegenheit. In jenem Sommer haben wir noch ein paar Mal nach dem Schwimmen im Fühlinger See in ihrem Zimmer Cognac getrunken. Wenn es sehr spät wurde, habe ich ein-, zweimal aus dem Ikea-Segeltuch-Sessel heraus nach ihr gegriffen. Aber der Griff ging ins Leere.

Eigentlich war sie sehr geduldig mit mir. Ließ sich sogar gefallen, daß ich ihr Vorwürfe machte, als sie auf einer Wanderung zu sechst mit einem der Männer das Zimmer teilte, statt mit mir. Sie hätte gar nicht mit ihm geschlafen, versuchte sie mich zu beruhigen.

Wenn es körperlich nicht ging, dann mußte ich ihr eben geistig noch näher kommen. Ich hatte die Idee, zusammen einen Aufsatz über »Frauen und Arbeit« zu schreiben. Ich fand die Vorstellung ganz toll, unsere beiden Namen nebeneinander gedruckt zu sehen. Ursula sollte die theoretischen Teile abdecken, ich wollte die Zahlen und Fakten liefern. Aber sie behauptete, sie könne nicht schreiben. Also schrieb ich, und wir diskutierten alles in ihrem Zimmer an regnerischen Sonntagen und an warmen Sommerabenden, wenn wir vom Schwimmen kamen. Unser Aufsatz wurde schließlich fertig, 35 Seiten und drei Seiten Fußnoten. Ich trug ihn zu den »Blättern für deutsche und internationale Politik«, die schon mal was von mir veröffentlicht hatten. Inzwischen waren sie aber auf DKP-Kurs, und dem Redakteur gefiel unsere Geschichte nicht. Wilhelm Reich, den wir ausgiebig mit seiner Theorie von der Verspießerung des Proletariers und der sich daraus ergebenden Frauenunterdrückung auch in der Arbeiterklasse zitiert hatten, Wilhelm Reich, das sei ja auch so ein schräger Vogel ...

Ursula las inzwischen noch ganz andere schräge Vögel. In ihrem Zimmer entdeckte ich eines Tages ein grellgelbes Bändchen mit der Abbildung eines bulligen Polizisten in Badehose, der sich an entscheidender Stelle in dieselbe schießt. Es war das SCUM-Manifest von Valerie Solanas (SCUM – Society für Cutting Up Men). Da standen Sachen drin wie:

»Der Mann ist eine biologische Katastrophe, eine wandelnde Fehlgeburt, die schon im Gen-Stadium verkümmert ist. Mann sein heißt, kaputt sein; Männlichkeit ist eine Mangelkrankheit, und Männer sind seelische Krüppel, irgendwo im Niemandsland zwischen Mensch und Affe stehengeblieben.«

Diese geballte Männerfeindlichkeit, das fand ich starken Tobak. Ursula, die scheinbar coole, rationale, amüsierte sich über den Solanas-Text. Ich war verblüfft. Ursula liebte doch Männer. Wie konnte sie sich dann stundenlang an Solanas Definition des Mannes als »Gummipeter auf zwei Beinen« ergötzen. Heute denke ich, daß Werner und vielleicht auch noch ein paar andere Männer reichlich Anlaß zur Wut gaben, so wie er sich alle paar Wochen ein paar schöne Stunden mit Ursula machte und sich im übrigen seinem Beruf und seiner Familie widmete. Aber mit mir hat sie nie über ihre Erfahrungen mit Männern geredet. Überhaupt, glaube ich, haben wir so gut wie nie über *ihre* Gefühle gesprochen. Oder erst dann, wenn sie als »Subjektiver Faktor« in ihre politischen Ansichten eingegangen waren. Wenn sie sich zum Beispiel darüber verbreitete, die Pille habe die Frau einerseits sexuell befreit, aber andererseits auch verfügbarer gemacht, weil Männer nun keine »Ausreden« mehr akzeptieren wollten. Wenn ich mich heute daran erinnere, macht es mich traurig, daß ich offenbar ihr Vertrauen nicht hatte. Wahrscheinlich traute sie mir nicht zu, ihr bei ihren Männerkisten helfen zu können. Jahre später, als Werner sie wegen einer anderen Frau verlassen hatte, half ich ihr die letzten Kartons aus der gemeinsamen Wohnung zu räumen. Sie sei froh, daß ich bei ihr sei, sagte sie, als wir die Wohnung verließen.

Jedenfalls: Wenn Ursula sich so über die Männer lustig machte, konnte ich mich ja wohl auch trauen, in der Frauenfrage etwas radikaler zu sein, ohne Angst, mein sozialistisches Image erlitte Schaden.

Es kam der Sommer 1971. Während ich die Samstage bei Gewerkschaftstreffen oder unter unseren blühenden Kirschbäumen im Garten verbrachte, sammelte Ursula in der Kölner Fußgängerzone Unterschriften für die ersatzlose Streichung des Paragraphen 218. Ursula kam immer recht beschwingt zurück, weil die Aktion bei vielen Menschen, vor allem bei älteren Frauen, auf gute Resonanz stieß. Im September, nach den Ferien, ging ich erstmals mit zu einer Sitzung der Kölner »218«-Gruppe.

Ursula und ich hatten in dieser Gruppe oft Gelegenheit, unseren in den WG-Küchendiskussionen geschärften Witz anzubringen. Denn in der »Aktion 218« waren Frauen (und Männer) aus trotzkistischen Zirkeln, für die der § 218 auch nur eine Klassenfrage war. Eines Abends im März 1972 klingelte bei uns in der WG das Telefon. Charlotte, die Anführerin der sozialistischen Fraktion der »218«-Gruppe, war am Apparat und bat Ursula und mich, unbedingt zum Plenum zu kommen. Es drohe der feministische Aufstand. Für viele, vor allem wenn sie den »Klassenstandpunkt« vertraten, war »Feminismus« damals ein Schimpfwort. Ursula und ich kicherten. Ob Charlotte da nicht die Falschen zur Hilfe rufe, fragten wir uns.

Am Wochenende vorher hatte in Frankfurt der erste bundesweite Kongreß aller »218«-Gruppen getagt. Die Frauen hatten dort beschlossen, die Männer aus den Gruppen rauszuschmeißen und sich autonom und selbstbestimmt zu organisieren, »solange Frauen in besonderer Weise und mehr unterdrückt sind als Männer«. Daß der Feminismus nun die Klassenfrage ablösen sollte, gefiel einigen in unserer Kölner Gruppe aber gar nicht. Ursula und ich gingen also zum Plenum. Dort gab es eine weitere Überraschung. Ulrike, eine der Kölnerinnen, hatte in Frankfurt eine Entdeckung gemacht: es gab in den Gruppen Frauen, die Liebesbeziehungen miteinander hatten und das auch nicht verbargen. Hatten sich doch welche mitten in den Diskussionen um Kapitalismus und Patriarchat in den Arm genommen und geküßt. Ulrike schlug vor, einen Arbeitskreis »Frauen und Homosexualität« zu gründen. Das war für Charlotte, unsere Obersozialistin, anscheinend noch schlimmer als der Feminismus. Bevor wir über Ulrikes Antrag entschieden, müßten wir erstmal über den politischen Standpunkt der Gruppe diskutieren, forderte sie. Es sei total falsch, die Klassenfrage auszuklammern. Das hätten wir aber schon weitgehend getan. Margit, die einzige Arbeiterin in der Gruppe (für sie war im Sommer Geld gesammelt worden, damit sie zur Abtreibung nach Jugoslawien fahren konnte) sei heute nicht da, weil ihr Mann es ihr verboten habe; die Frauen in der Gruppe würden doch nur dumm rumquatschen. Nun sind fast alle Frauen hellauf empört – die Feministinnen sind also schon mitten unter uns. Einige wollen sofort zu Margit und sie in die Gruppe holen. Ich werfe mich mit der Parole »Zerschlagt die Kleinfamilie« ins Getümmel. Ursula nimmt es wie immer cool und reflektiert: Unterdrückungsverhältnisse wie Margits Ehe könnten nur kollektiv aufgehoben werden; individuelle Lösungen würden den Frauen auf Dauer nicht helfen. Wir müßten Selbsthilfeorganisationen aufbauen, zum Beispiel Wohngemeinschaften für Frauen, die aus repressiven Ehen aussteigen wollten. Über den »AK Homosexualität« verlor sie kein Wort. Wir anderen aber auch nicht.

Ich ging nach Schluß des Plenums verschämt zu Ulrike und sagte, ich hätte schon Interesse an dem Arbeitskreis teilzunehmen. Kurz darauf hatte ich eine Liebesbeziehung mit ihr. Im Frühjahr zog Ursula mit Werner nach Frankfurt und begann ein Pädagogik-Studium. Die »Aktion 218« schloß die Männer aus und änderte ihren Namen in »Frauenbefreiungsaktion« um. In einem Suhrkamp-Sammelband erschien eine gekürzte Fassung von Ursulas und meinem Aufsatz zur Frauenarbeit. Unsere beiden Namen über dem Titel, fettgedruckt.

Mirjam Müntefering
Die Andere

»Bitte, bitte, bitte!«

Ihre Hände krallen sich ins Laken und sie bäumt sich auf, reißt das Spannbettuch von der Matratze.

Sie sieht mich an, Heilige Göttin, sie sieht mich an, während sie kommt. Sieht mir in die Augen mit hundfellfarbenem Blick. Dann fällt sie seufzend zurück in den aufgewühlten Kissenberg, zieht mich mit sich, daß ich auf ihrer weichen Haut in all ihrer schweißbenetzten Gänze zu liegen komme.

Kleine, zarte Brüste an meinen.

Ich vergrabe mein Gesicht an ihrem Hals und lausche auf ihren Atem, der allmählich langsamer wird.

Das dunkle Haar duftet immer noch nach Babyshampoo, treibt mir mit diesem Geruch Zärtlichkeit in die Magenkuhle und Tränen in die Augen.

Ich hab's getan.

Ich habe mit einer Frau geschlafen. Ich habe mit einer *anderen* Frau geschlafen.

Vorsichtig rolle ich herum, spüre an meiner Seite ihre klebrige Hand, die schon halb im Schlaf nach mir tastet. Ich nehme sie, halte sie fest, überrasche mich selber damit, wie innig ich das tue.

Ihre Nasenflügel beben leicht.

Ich denke: Du bist das also. Du bist die erste Andere.

Sie schläft und ahnt nichts von der großen Rolle, die sie übernommen hat.

Fünftes Schuljahr.

Ein Paar grüner Augen. Verlegenes Grinsen, umrahmt von kupferroter Lockenmähne.

Chris. Neu in der Stadt.

Sie liebte meine Aufsätze im Deutschunterricht. Ich war fasziniert von ihren Millionen Sommersprossen.

Als die Baumhütte fertig war, brauten wir den Waldbeer-Schleen-Sauerampfer-Hexentrank.

Chris beteuerte, er habe dieselbe Wirkung wie Blutsschwesternschaft. Ich hatte mich nämlich geweigert, die Klinge ihres Schweizer Klappmessers über meinen Arm zu ziehen.

Wir tranken den übelriechenden Sud, riefen »Hexentrank, der uns verband!« und klopften uns dreimal auf die Schultern. Woher hatte sie dieses Rezept?

Ihre Augen leuchteten euphorisch, als wir die Pappbecher absetzten.

»Jetzt sind wir Freundinnen in alle Ewigkeit.«

»Klar.« sagte ich. »Die besten Freundinnen.«

Ich sehe mich im Zimmer um.

Die Kerzen sind heruntergebrannt, und die Flammen züngeln nur noch vor sich hin.

Die Wände sind gepflastert mit Bildern von Louise Brooks. Dazwischen hängen Filmplakate.

Es gibt auch ein paar Fotos mit mir unbekannten Frauen. Posen. Lachen. Schnappschüsse. Und sechsmal das gleiche Foto von einem schwarzen Hund. War das ihrer? Sie hat von einem Hund erzählt, der im letzten Jahr gestorben ist.

Sie lächelt im Schlaf. Wovon träumt sie?

Ihre Lippen sind schmal und zart. Ich mußte sie immer suchen in meiner Gier. Nicht wie der Mund von Chris, der mit seiner roten Fülle überall zu sein scheint.

Ich schließe die Augen und stelle mir Chris' Gesicht vor.

Ich kenne es auswendig. Zwölf Jahre lang war es die meist gestupste Nase, das meist gekämmte Haar, die meist gezählten Sommersprossen.

Als ich bei der Farbe ihrer Augen angelangt bin (sie waren grün), kann ich meine Lider nicht länger zwingen, geschlossen zu bleiben.

Die Uhr zeigt 2.15 Uhr.

»Chris, ich habe mich verliebt.«

Da waren wir achtzehn. Das erste Mal mit dem Auto Richtung Süden unterwegs. Wir zwei. Auf eigene Faust.

»Schooon wieder?«

»Nein. Diesmal ist es anders. Diesmal ist es was Besonderes, Chris.«

»Das sagst du immer. Wie heißt er?«

»Susanna.«

»Du bist verrückt! Sie ist deine Reitlehrerin!«

»Das ist doch nicht das Problem, Chris. Das Problem liegt doch ganz woanders: Sie ist eine Frau!«

»Na, und?« sagte Chris und sah aus dem Fenster.

Ich gleite leise aus dem Bett, decke den nachtwarmen Körper zu und küsse ihre Stirn.

Heilig, heilig, bist du mir, soll das sagen. Du bist die Andere. Endlich.

Meine Sachen liegen verstreut im Zimmer. Ich finde meinen Slip nicht, steige schließlich ohne in die Jeans. Vielleicht wird sie ihn morgen finden und darüber lachen. Ich mag es, wenn sie lacht. Ihre Augen werden dann klein wie Knöpfe und blitzen aus ihrem Dunkel.

Neben dem Radiowecker stehen, sie betrachten, Hände in den Taschen der Lederjacke.

2.27 in roten Digitalziffern. In fünf Minuten kommt die U-Bahn.

Abi-Abschlußfeier.

Alle waren in Festtagsstimmung. Die Jungen im Anzug. Die Mädchen im Kleid. Nur Chris und ich in weiten Seidenhosen und weißen Hemden. Im Stile der Dietrich.

Als das Programm zu Ende war, stahlen wir uns hinaus und kletterten in Chris' klapprigen VW-Käfer.

Wir tauchten die Ringe in den bereitgehaltenen Sekt und steckten sie uns an die Finger.

Kein Zauberspruch, kein Schulterklopfen diesmal. Ein Blick nur.

Chris öffnete den Mund, um es zum ersten Mal auszusprechen, aber ich hob rasch die Hand und legte meine Finger auf ihre Lippen.

Wir gingen zurück in den Saal zu unseren Eltern.

Chris begann: »Wo ihr mal alle zusammen seid, können wir euch nun auch sagen, daß wir gerne in eine gemeinsame Wohnung ziehen würden.«

Mir war ihre Rede zu förmlich: »Eine Duo-Studentinnen-Bude, sozusagen.«

»Das habe ich sowieso erwartet.« Chris' Vater grinste.

»Eine gute Idee, wo ihr euch doch so toll versteht.« Unsere Mütter waren sich einig.

Mein Vater sagte nichts. Er nickte langsam und sah mich an. Ich habe seine Augen geerbt. Manchmal dachte ich schon, ich gucke mir selber entgegen, wenn er mich ansah.

Diesmal berührte sein Blick mich unangenehm.

Ich nahm Chris bei der Hand und zerrte sie zur Tanzfläche.

Ich fahre gerne nachts U-Bahn.

Die Wagen sind leer und still. Vom Orange der Sitze ist viel mehr zu sehen als tagsüber. Ich mag diese Farbe. Sie erinnert mich an Gummibärchen.

Auf den Bahnsteigen lümmeln Penner, Junkies und düstere Typen herum. Aber ich habe keine Angst vor ihnen. Versuche, nicht wie ein Opfer auszusehen. Wenn ich mein finsteres Gesicht aufsetze und mich in meinem Schal vergrabe, hält mich eh jeder für einen Kerl.

Ich nehme die Linie 14, lasse mich in den Sitz fallen, stütze den Kopf in die Hände.

Meine Finger riechen nach ihr. Süßherb.

Schnuppern an den Fingern ist verdächtig. Von schräg gegenüber glotzt mich ein junges Mädchen an.

Stark geschminkte Augen und matschig geknutschter Lippenstiftmund.

Ich spiele mit dem Gedanken, ihr zu sagen, wonach meine Hände duften.

Liebessaft, Kleine. Liebessaft einer Frau. Einer anderen Frau. Einer Anderen.

Von hinten wankt ein schmuddeliger Typ in braunen Cordhosen heran und will das Mädchen anbaggern. Sie sieht angeekelt aus.

Verständlich.

Warum sagt sie nichts?

»He, laß sie in Ruhe, o. k.?!«

Er brummt mürrisch in meine Richtung und steigt an der nächsten Station aus, hinterläßt den Gestank von Schnaps und ungewaschenen Achselhöhlen.

Das Mädchen grinst verlegen.

So blöd war ich auch mal.

Wir wohnten noch nicht lange in der schiefwändigen Altbauwohnung, als ich den Fotografen kennenlernte. Durch einen Zufall kam ich an einen Statisteriejob beim Theater.

Ich liebte den Geruch von Schweiß und Staub hinter der Bühne, die in halsbrecherischer Art zu Bergen aufgeschichteten Requisiten, die oftmals alten und modrigen Kostüme, die im Scheinwerferlicht so pompös aussahen.

Hier traf ich den Fotografen, und er schlug vor, bei mir zu Hause ein paar Aufnahmen von mir zu machen.

Ich war begeistert.

Er verschoß fünf Filme an mir, ehe er mich dazu überreden konnte, ein paar Kleidungsstücke abzulegen.

Die Kamera wurde beiseite, der Arm um meine Hüfte gelegt.

»Du hast eine klasse Figur. Das macht sich gut in der Linse.«

Ich fröstelte. Der Versuch, ihn ein Stück fortzuschieben, mißlang kläglich.

»Und dein Haar ist auch sehr schön, weiß du das?«

Er spielte mit einer langen, blonden Strähne, ließ sie durch die Finger gleiten, glomm mich mit Wille statt Wunsch im Blick an.

»Ich bin sehr stolz darauf, daß es so lang ist«, sagte ich blöde.

Seine Hand grub sich heftiger hinein, krallte sich bis in die Haut, bog meinen Kopf zurück, bis mein Hals sich sträubte. Was dann folgte, sollte ein Kuß sein.

Es schmeckte nach Zigaretten und schalem Atem. Ich mußte würgen.

Sein Mund war größer als alle Münder, seine Hände stärker als alle Hände.

Ich schlug meine Zähne in seine Lippe und schrie.

Als die Tür aufflog, stand im Rahmen eine Furie mit flammend rotem Haar und sprühenden Katzenaugen. In der Faust hielt Chris das große Fleischermesser umklammert.

»Laß sie los, sonst schneid ich dir die Eier ab!«

Der Fotograf ließ mich sofort gehen und starrte in diesen Haß. Von seiner Lippe tropfte Blut.

»Verschwinde!«

Kamera. Jacke. Wohnungstür fiel ins Schloß.

Ich stürzte in Chris' Arme, die mich fingen, weinte und klammerte mich an sie.

Christ hielt mich, wiegte mich hin und her.
»Ich will das nicht!« schluchzte ich.
»Ich weiß.«
»Ich will doch keinen Mann.«
»Ich weiß.«
»Alles ist so schwer, Chris . . .«
»Ja.«

Als ich in die Straße einbiege, sehe ich es schon. Es ist noch Licht in ihrem Zimmer. Sie hat gewartet.

Wie eine Ehefrau, die ihren Gatten in Kneipen, Peep-Shows, Absteigen vermutet.

Ich ärgere mich über dieses Licht. Warum kann sie nicht, wie früher, im Dunkeln warten?

Sie wird ängstlich auf den Schlüssel in der Wohnungstür lauschen, meinen Schritten in die Küche, Licht an, Kühlschrank, Licht aus, ins Bad, Zähneputzen, Duschen. Und ich werde sie leise durch die dünne Wand weinen hören.

Nein. Ihr Licht brennt noch. Gilt mir und der gesamten restlichen Welt.

Seit eineinhalb Jahren hat sie das Recht dazu.

Sie hat das Recht, sich Sorgen zu machen und Schreckgespenster vor ihren Augen aufmarschieren zu lassen. Das Recht, zu warten. Sichtbar für alle. Meine Frau ist noch nicht zu Hause.

Die Stufen sind ausgelatscht. Ich stolpere über die letzte, über die ich schon tausendmal rübergestiegen bin.

»Das kann auch mal passieren,« denke ich und fummele den Schlüssel ins Schloß.

Aus ihrem Zimmer fällt ein sehr schmaler Streifen Licht in den Flur, wie Lametta sieht das aus.

Chris hat zu Weihnachten immer ein Geschenk von Mama bekommen. Umarmung. Wir gehören zusammen. Eine kleine Familie. – Wieso ausgerechnet jetzt? In der Adventszeit. Das Fest der Liebe steht an. Und es war doch so gemütlich.

Aber ich gehe los und will mich trennen, trenne mich, verliebe mich, betrüge, schlafe mit der Anderen.

Und der einzige Grund, der mir dafür einfällt, ist der Wunsch, es mit einer zu tun, bei der ich mich nicht so fühle als betriebe ich Inzest mit ihr.

Ich lasse das Licht im Flur aus und tappe im Dunkeln zur Küche.

Als ich die Hand schon am Kühlschrankgriff habe, wird mir klar, daß ich keinen Hunger habe und es nur reine Gewohnheit wäre, hineinzusehen.

Ich nehme die Hand zurück und gehe ins Bad.

Mein vertrauter, brauner Blick schaut mir aus dem Spiegel entgegen.

Ich bin noch da, stelle ich fest. Sehe mich an. Das dunkle Muttermal an der Schläfe, die kleine Narbe auf der Stirn. Ohren. Nase. Alles dran. Gegen jede Erwartung.

Im Zimmer nebenan fällt etwas um. Die Saftflasche, die immer neben dem Bett steht.

Ich sehe Chris vor mir, wie sie hinunterhangelt und sie wieder hinstellt.

»Ich habe Angst, daß du einmal nach Hause kommst und dich nicht duschst, weil du den Geruch der Anderen mit ins Bett nehmen willst«, sagte sie einmal.

Ich putze mir ausgiebig die Zähne und dusche nicht. Mache es mir leicht. Überlege, ob ich wohl rasch eine andere Wohnung finden werde.

Wie ich mich in meinem Zimmer ausziehe und die Sachen ordentlich über einen Stuhl hängen will, beschleicht mich ein beschämendes Gefühl von Erleichterung.

Unter der Jeans trage ich keinen Slip und das erschreckt mich für einen Moment so sehr, daß ich mich auf die Bettkante setzen muß, um mein Herz wieder einzuholen.

Benommen hocke ich da, die alten Jeans in den Händen, und suche im vertrauten Muster des zartgrünen Teppichs Beruhigung.

Es war vor beinahe genau eineinhalb Jahren im Sommer. Wir hatten seit einer Woche Semesterferien und hingen faul in der Wohnung herum. Es war zu heiß in der Stadt, um draußen etwas zu unternehmen.

Ich klebte an der Mattscheibe, bevorzugte »Lassies Abenteuer« und MTV. Chris hörte zum fünfzehnten Mal die Arie aus »La Wally«.

Dabei ließ sie sich nicht stören. Sprach ich sie an, betrachtete sie mich aus traumentstellten Augen eine Weile und lächelte dann geheimnisvoll.

Lassie mußte ein Katzenbaby gegen einen Puma verteidigen. Gesträubtes Fell. Sprung über Abgrund. Knurren. Fauchen. Angriff.

Chris erschien in der Tür.

»Komm schnell her! Es wird grad spannend.«

Chris kam auf mich zu, würdigte allerdings die todesmutige Lassie keines Blickes, sondern legte sich dicht neben mich auf mein Bett und kraulte mir im Haar. Ich trug es kurz seit der Episode mit dem Fotografen.

Der Puma schien Oberhand zu gewinnen. Lassie wurde zurückgedrängt. Richtung Abgrund.

Chris schob ihre Hand unter mein T-Shirt und sah mich abwartend an.

Ich starrte angestrengt auf den Bildschirm und mußte schlucken. Ihre kühlen Finger tasteten vorsichtig über warme Haut, berührten den Brustansatz, zögerten.

Der Collie auf dem Bildschirm kämpfte um sein Leben.

Zartes Streicheln über meinen Bauch. Gänsehaut. Erregung. ERREGUNG?! Dies war Chris! Chris, meine beste Freundin, meine engste Vertraute. Ich konnte ihr alles erzählen, sie alles fragen, mit ihr in einem Bett schlafen, mich vor ihren Augen ausziehen, mit ihr kochen, Hausarbeiten schreiben und Schlittschuhlaufen. Ihre Berührungen waren immer angenehm gewesen, aber sie hatten mich nie erregt.

Lassie wagte noch einen Vorstoß. Der Puma strauchelte und fiel in den Abgrund. Das Kätzchen war gerettet.

Chris zog mein T-Shirt hoch, beugte sich über mich und küßte meine Brust. Ich fummelte an der Fernsteuerung nach dem AUS-Knopf. Ihre Hand wanderte an mir hinunter, in meine Shorts, blieben dort bei den ersten, krausen Haaren liegen.

»Nein, Chris, wir sollten das lieber nicht tun ...« lag mir auf der Zunge, aber ich wollte es nicht sagen.

Während »La Wally« zu uns herüberklang, umfaßte ich ihren Unterarm und führte ihre Hand in Richtung Feuchtigkeit.

Es ist kalt in meinem Bett. Ich bin es nicht mehr gewohnt, alleine zu schlafen.

Meine Hände und Füße sind klamm, wie feuchte Waschlappen an Armen und Beinen.

Nebenan liegt Chris auf ihrer Matratze, die ganz nah an die Wand gerückt ist. Es ist so, als lägen wir nebeneinander. Nur trennt uns eine Mauer mit Tapete. Das ist alles.

Ich sollte rüber gehen.

Sie wartet darauf.

Eine Weile betrachte ich die geschlossene Tür. Aber die Decke wird nicht zurückgeschlagen, die nackten Füße bleiben unter der wildgemusterten Wäsche verborgen.

Den Duft einsaugen, der an meinen Schultern klebt. Ich kann ihn riechen, wenn ich den Kopf weit nach rechts oder links drehe.

Überall riecht es aufregend fremd. Auch an den Armen. Ich vergrabe meine Nase in der Beuge und schnuppere.

An der Wand über dem Bett ist seit gestern ein Foto von der Anderen zu sehen. Mit einer dunkellila Heftzwecke aufgepiekst.

Aus dem hellen Gesicht schauen mich dunkle Augen fragend an.

Ich knipse die Stehlampe aus und starre im Dämmerlicht auf den dunklen, viereckigen Fleck auf der Tapete.

Morgen sehe ich sie.

Elisabeth Ehrenberg
La vie continue
à M. V.

Vorbei. Es ist vorbei.

Mit steinernem Gesicht nimmt Elisabeth Irenas wenige Habseligkeiten in Empfang. Was jetzt kommt – sie will daran nicht denken. Irenas Wohnung soll verkauft, ihr Haushalt aufgelöst werden. Furchtbar irdische Scherereien wird es geben.

An anderes wagt sie nicht zu denken. Sie wünscht, sie wäre ein Automat ohne Hirn und ohne Herz. Der dies alles nicht denken und nicht fühlen muß.

René, der kleine Physikopraktikant, der die letzten Wochen mit ihr durchgestanden hat, ist der einzige, der weiß. Er war es auch, der Irenas Sachen zusammengepackt hat. Den Tod, den er diesen Morgen an Irena gesehen hat, sieht er nun gespiegelt in Elisabeths Augen. Er hat Angst.

»Madame, kommen Sie noch einen Moment mit mir«, sagt er. »Wir können einen Kaffee gebrauchen.«

Elisabeth nickt. Willenlos folgt sie René, dankbar, daß er die Führung übernimmt. Sie fühlt sich unfähig, völlig unfähig, sich diesem Leben zu stellen, das sie nicht mehr interessiert.

Sie setzt sich auf die weiße Bank im Bereitschaftszimmer, auf der sie die letzte Nacht verbracht hat. Sie fühlt sich unendlich müde. »Sterben muß schön sein«, sagt sie zu René.

»Wenn man krank ist, sicher, Madame«, sagt René und macht sich an der Kaffeemaschine zu schaffen. »Wenn man, wie Madame Orlowa, nicht mehr atmen konnte . . .«

Er schweigt, als er Elisabeths gequältes Gesicht sieht.

»Hatte sie wirklich keine anderen Verwandten?« fragt er.

»Bis jetzt nicht«, sagt Elisabeth bitter. »Aber spätestens, wenn es etwas zu erben gibt, werden welche auftauchen. Ich bin nicht ihre Schwester. Ich glaube, das wissen Sie.«

René weiß es in der Tat. Elisabeth mußte sich die letzten Wochen als Irenas Schwester ausgeben, sonst hätte sie sie nicht mehr sehen dürfen.

Schweigend trinken sie ihren Kaffee. Elisabeth fragt sich, was ein Kaffee an ihrem Wohlbefinden ändern könnte. Dazu bräuchte es mindestens eine Flasche Cognac – wenn nicht mehr.

»Madame«, sagt René. »Ich weiß, ich bin sehr jung. Ich sollte nicht versuchen, Ihnen etwas zu sagen. Aber glauben Sie mir, ich habe viel gesehen, seit ich hier arbeite. Das Leben geht weiter, glauben Sie mir. Menschen sind nicht mehr da. Andere Menschen kommen. Sie werden es schaffen, Madame. Sie sind stark.«

Er begleitet seine Rede mit einem bewundernden Blick. Er verehrt die schöne Elsässerin, seit er sie zum ersten Mal gesehen hat. Der Gedanke, daß sie nun, nach dem Tod von Madame Orlowa, nicht mehr kommen wird, ist auch ihm sehr bitter.

»Ich weiß es nicht, René«, sagt sie. »Ich weiß es nicht.«

Kerzengerade sitzt sie auf der weißen Bank, Smaragde in den Ohren, die zu der Farbe ihrer Augen passen, in einem eleganten Kostüm – ein schönes Bild. Aber in ihr ist alles schwarz. Ihre schmalen Hände umklammern zitternd die Kaffeetasse.

Ein Psychotherapeut hat ihr gesagt, daß man sich in den schlimmsten Stunden nicht gehenlassen darf. Das Bemühen um Haltung lindert den ersten Schmerz. Und deshalb ist Elisabeth nach Hause gefahren, heute im Morgengrauen, hat sich geduscht, geschminkt und elegant gekleidet, als ginge sie auf einen Empfang. Und hat sich verboten zu fühlen.

»Wenn ich das überlebe, René«, sagt sie, »werde ich nie wieder etwas fühlen.«

»Madame«, sagt René, »Sie werden. Es ist nicht alles aus.«

Elisabeth lacht bitter auf. »Entschuldigen Sie, René, aber was wissen Sie von Liebe?«

»Wenig«, gesteht René. »Ich weiß mehr vom Tod.«

»Verzeihen Sie«, flüstert Elisabeth. Sie trinkt ihren Kaffee aus, steht auf und nimmt Irenas Sachen an sich. »Sie haben mir sehr geholfen. Sie wissen es.« Sie schiebt ihm eine Tausend-Francs-Note in die Hand. »Danke.«

Jetzt muß es allein weitergehen.

Die letzte Nacht ... war entsetzlich. Alle wollten Elisabeth daran hindern, Irenas Tod mitzuerleben. Sie hielten sie im Bereitschaftszimmer fest, fütterten sie mit Kaffee und Cognac. Stündlich ging sie sich übergeben.

Später hatten die Nachtschwestern Elisabeth in schlimmerer Erinnerung als die sterbende Patientin.

Irena war sehr still gstorben. Plötzlich hatte sie nicht mehr geatmet. Elisabeth war es gelungen, in diesem Moment bei ihr zu sein. Aber sie wird es nicht beschreiben. Für solche Momente gibt es keine Worte. Wenig später hatten sie beide gefunden. Irena tot – Elisabeth ohnmächtig neben ihr.

René, der freiwillig Nachtdienst tat – weil er Elisabeth liebte –, war im Morgengrauen mit ihr nach Hause gefahren. Sie fürchteten, sie sonst in der Seine wiederzufinden. So eine hysterische Person war ihnen noch nie vorgekommen. Normalerweise trugen Verwandte den Tod ihrer Angehörigen mit Fassung.

Elisabeth war nicht Irenas Angehörige. Sie war ihre Geliebte. Geliebte wurden im Spital nicht anerkannt. Nur Verwandte. So trat Elisabeth als Irenas Schwester auf. Eine eigenartige Schwester, zugegeben. Sie sprach französisch mit elsässischem Akzent – Irena mit russischem. Sie hatte grellrotes Haar und Sommersprossen – Irena war dunkel, mongolisch. Aber nur René, der kleine Physikopraktikant, machte sich darüber Gedanken. Ihm war sie aufgefallen, weil sie jeden Tag stundenlang in die Klinik kam. Meist durfte sie nicht zu Irena. Dann kauerte sie zitternd am äußersten Rand einer der weißen Bänke und starrte die Wand an. Sie schien dann seltsam entrückt. Erst wenn René in ihr Gesichtsfeld trat, pflegte sie urplötzlich aufzuspringen und den rechten Arm auszustrecken in seine Richtung. »Ah, René, c'est vous!« hatte sie das erste Mal gerufen, ohne daß je irgendwer ihr seinen Vornamen gesagt haben könnte. »Comment elle va, Irena?« Ihre grünen Augen hatten ein irres Flackern. »Schlecht«, hatte René gesagt, benommen von dem Duft ihres Haars. »Heute sollten Sie nicht zu ihr. Sie hat einen Anfall gehabt und kann nicht sprechen.«

»Ich sage Ihnen ein für allemal, René: ich werde bei ihr sein, wenn sie stirbt. Also bitte – keine Geschichten.«

Seither hatte René sie geliebt.

Er erinnert sich, wie er sie zum ersten Mal zu Madame Orlowa begleitete. Elisabeth war aschfahl im Gesicht, der Spitalsgeruch machte ihr zu schaffen. Ihre Lippen waren fast blau.

»Madame – geht es Ihnen nicht gut?« fragte René erschrocken.

»Es geht mir den Umständen entsprechend«, antwortete sie barsch und gab ihm einen leichten Stoß in den Rücken in Richtung Tür. René wagte keine Erwiderung und öffnete.

Irena lag reglos, die Sauerstoffmaske über Nase und Mund. Als die beiden eintraten, öffnete sie langsam die Augen. Elisabeth erwiderte ihren Blick mit steinerner Miene. Sie weinte immer erst, wenn es vorbei war.

Tonlos formten ihre Lippen Irenas Namen. Langsam ging sie um das Bett herum. Irena folgte ihr mit den Augen. Elisabeth drückte sich einen Kuß auf zwei Finger und streifte die Finger sacht über Irenas Handrücken. In der Geste lag eine so unbeschreibliche Zärtlichkeit, daß René, dessen Herz noch durch nichts Erlebtes verhärtet war, ein Schluchzen in sich aufsteigen fühlte.

Elisabeth wandte sich brüsk ab und ging mit steifem Rükken aus dem Zimmer. Irenas Augen folgten ihr. René, als er zur Tür ging, fing diesen Blick auf und begriff, daß diese zwei Frauen einander liebten, bis zur Selbstzerfleischung, bis über den Tod.

Jetzt muß es allein weitergehen.

Elisabeth verläßt das Spital und macht sich auf den Heimweg. Sie zwingt sich, vorwärtszugehen und an nichts zu denken. Aber auf einer der Seinebrücken überkommt sie die Erinnerung. Sie bleibt stehen, stellt ihre Taschen nieder, hält sich am Brückengeländer fest und starrt ins Wasser. Der Wind reißt an ihren Haaren, und endlich – Tränen. Hier, auf dieser Brücke, hat sie Irena zum ersten Mal gesehen. Auch damals – vor mehr als zehn Jahren – war sie gedankenversunken über die Brücke gewandert, den neben ihr gleichmäßig vorbeirauschenden Verkehr kaum wahrnehmend. Plötzlich ein Reifenquietschen, ein Krachen, viel Geschrei und ein wütender Herr, der sich auf sie stürzte und sie am Arm riß.

»Nicht wahr, Mademoiselle, Sie sind meine Zeugin, Sie haben es gesehen! Diese Idiotin hier hat ohne Blinken den Fahrstreifen gewechselt, hier, vor der Ampel!«

Elisabeth hatte nichts gesehen. Aber das wagte sie nicht zu sagen. Verstört sah sie zwei ineinandergefahrene Autos. Und eine Dame, die langsam und mit Nachdruck sagte: »Ich *habe* geblinkt. Lassen Sie das Mädchen los!«

Aber Monsieur war viel zu aufgeregt. Er schüttelte Elisabeths Arm, wie um eine Aussage aus ihr herauszubeuteln. Inzwischen hatte sich eine Menschenmenge angesammelt.

Eine Frau rief: »Wenn Sie so fahren, wie Sie sich verhalten, dann ist wahrscheinlich Madame im Recht!« Abrupt ließ der Mann Elisabeth los, die ans Brückengeländer taumelte. »Ihr Name, Madame!«

»Irena Orlowa. Quai des Orfèvres, 19.« Mehr hörte Elisabeth nicht mehr. Sie lehnte am Geländer, völlig versunken in den Anblick der Dame, die ihr wunderschön erschien. Und diese *Stimme* ...

Sie schreckte erst auf, als Irena, auf deren Worte sie vorher nicht reagiert hatte, sie sacht an der Hand berührte.

»Allez, Mademoiselle«, sagte sie. »Nehmen Sie es nicht so schwer. Die Männer verlieren alle den Verstand im Straßenverkehr!«

»Nein, nein«, murmelte Elisabeth versonnen. »Es ist nicht deswegen, es macht mir nichts ...«

Irena sah sie prüfend an. »Kommen Sie«, sagte sie dann. »Haben Sie einen Augenblick Zeit? Ich lade Sie auf einen Kaffee ein. Schließlich sind Sie durch meine Schuld von diesem – es folgte ein russisches, nicht schmeichelhaftes Wort – belästigt worden.«

Aus dem Augenblick wurden zehn Jahre.

Jemand nimmt ihr die Hände vom Geländer, und wie von weither hört sie die Worte: »Kommen Sie, Madame, kommen Sie, es ist bestimmt nicht so schlimm, trinken Sie erst mal was – was glauben Sie, wie oft es bei mir schon so weit war ...« Es ist die rauhe Stimme einer Frau, der man ihr Gewerbe ansieht. Sie ist grell geschminkt, nicht mehr jung, und aufreizend angezogen. Ihr Atem riecht nach Whisky und Zigarettenrauch.

»Sie irren sich«, sagt Elisabeth. »Ich habe nicht die Absicht ...«

»Siehst aber verdammt danach aus, Kindchen«, sagt die Frau, die ein weiches Herz hat und einen Sinn für Dramatik, wie die meisten Prostituierten. »Aber glaub mir, die Kerle sind es allesamt nicht wert!«

»Ich glaube dir«, sagt Elisabeth müde und nimmt ihre Taschen wieder auf. Über diese Brücke kann man offenbar nicht unbehelligt gehen. »Aber es gibt in diesem Leben mehr als Kerle.«

»Wer immer dich verlassen hat, er ist ersetzbar«, sagt die Frau.

Doch Elisabeth glaubt es nicht.

Plötzlich wünscht sie, Irena wäre nicht gestorben, sondern hätte sie um eines anderen Menschen willen verlassen. Dann könnte sie sie dafür hassen, sich sagen, sie hat mich eben nicht verdient, und alles wäre erträglicher. *Dann* wäre sie ersetzbar.

Aber einen Menschen an den Tod zu verlieren, das hat Elisabeth noch nicht gelernt.

Zehn Jahre Liebe, zehn Jahre Glück – eigentlich ist es mehr, als Elisabeth je für möglich gehalten hätte. Sie hatte damals, als sie Irena traf, mit Mitte zwanzig, eigentlich schon beschlossen gehabt, allein zu bleiben und niemanden mehr zu lieben. Sie hielt Beziehungen für Scheiße, Liebe für einen Mythos und Glück für eine Illusion.

Jetzt hat sie sie, die zehn Jahre Liebe, die zehn Jahre Glück. Sie waren ein Leben wert. Die Frage ist nur, wie der Rest durchgestanden werden kann. Ohne Irena – es klingt wie aus dem Tagebuch einer Fünfzehnjährigen – hat das Leben keinen Sinn. Aber jetzt »in die Seine zu gehen« scheint Elisabeth, als wolle sie einen Preis nicht bezahlen. Jetzt ist sie Mitte dreißig – da fängt das Leben für manche erst an. Für Elisabeth ist es heute zu Ende. Aus, vorbei. Und doch – wahrscheinlich sind zehn Jahre Glück mehr, als den meisten vom Leben gegeben wird.

So drehen sich Elisabeths Gedanken im Kreis.

»Zu Hause« – lang wird es nicht mehr ihr Zuhause sein –, in Irenas Wohnung legt sich Elisabeth ins Bett und trinkt Cognac. Gleichmäßig und erlösend fließen ihr die Tränen über die Schläfen. Immer so liegen und weinen können, so lange, bis der Schmerz restlos hinweggespült ist ... das wäre schön. Aber – noch ist sie wie betäubt, noch hat ja der Kampf nicht einmal begonnen.

Der Cognac allein befreit sie nicht von ihrem Bewußtsein, sie nimmt zusätzlich noch ein Schlafmittel, das René ihr gegeben hat. Und während sie sich selbst immer mehr entgleitet, fragt sie sich, wie sie dem *Morgen* begegnen soll. –

La vie continue. Das war Irenas Standardsatz nach jeder Katastrophe, sie sagte ihn auf russisch, auf französisch und auf deutsch. Diesen Satz hat Elisabeth im Ohr, als sie gegen Mittag erwacht. Sie öffnet die Balkontür und hat einen Blick über die Dächer von Paris. Die Sonne scheint. Elisabeth ist davon seltsam berührt. Sie hatte gedacht, die Sonne würde niemals mehr scheinen. Drüben am anderen Balkon gießt die alte Madame Clochette ihre Blumen. Bei Elisabeths Anblick ruft sie: »Bonjour, Elisabeth! Ça va?« Ça va? Es geht? Elisabeth weiß es nicht. Kopfschmerzen, Übelkeit und einen Dolch im Herzen, et ça va. Man antwortet immer, oui. Außer, man ist schon tot.

Kaffeekochen, duschen, das Bestattungsinstitut anrufen ... die Gedanken schwirren durch Elisabeths Kopf. Grau und braun strahlen ihr die Dächer von Paris in die Augen.

»La vie continue!« ruft sie zu Madame Clochette hinüber – auf russisch, auf französisch und auf deutsch ...

Karin-Sarah Reichelt
Valence

Eine Insel war sie für mich, eine Insel, übersäht mit Schildern, auf denen stand »Beziehung verboten« oder »Alltag verboten«. Eine gemeinsame Zukunft mit mir lag jenseits ihres Vorstellungsvermögens. Vier Inselabende pro Monat gestand sie mir zu, Abende voller Erotik, aus reiner Gegenwart, einzelne, in meinen Alltag gestreute Perlen, die ich später, nachdem sie gegangen war, zu einer Kette auffädelte. Jede Perle war vielleicht die letzte, jede Perle perlende Lust, perlender Schweiß.

Sieben Jahre später frage ich mich, was ich an Valence erotisch fand. Womöglich reizte mich ihre Unerreichbarkeit. Sie war 18 Jahre älter als ich und beachtete mich kaum. Sie scherzte, flirtete mit den anderen Frauen des Tanz-Workshops. »African Dance« in der Provence, nur für Frauen, in einem abgeschiedenen, ehemaligen Kloster. Und ich mußte mich sehr bemühen, sie nicht ständig anzuschauen. Zum Beispiel am Bach, als die ganze Gruppe nackt mit dem eisigen Wasser kokettierte oder Tanzschritte ausprobierte. Ich saß auf einem Stein, versuchte zu lesen. Ich sehe Valences braungebrannten Körper heute noch vor mir, wie sie sich neben mich setzte. »Findest du mich erotisch?« fragte sie mich und nahm mir das Buch aus der Hand. »Gib's zu! Ich seh's dir an. Du bist ganz schön verknallt in mich!« Ich widersprach ihr nicht. Sie wußte, was ich von ihr wollte, nur ich wußte nicht, was sie von mir wollte. Dies wußte sie womöglich selbst nicht.

Am letzten Abend lud sie mich in ihr Auto ein. Als wäre es eine vertraute Gegend kurvte sie schnell durch die fernlichtgeisterhafte Hügellandschaft. Grundlos scheinbar lenkte sie ihren Renault an den Straßenrand, zog die Handbremse. Unerwartete Sternschnuppenküsse ließ sie verglühen in meinem Mund und ihr Weizenstoppelhaar fühlte sich weicher an als erwartet.

Bei der Heimfahrt zog sich ihr Gesicht immer mehr zu. Gianna Nannini dröhnte aus dem Kassettenrekorder.

»Es tut mir leid, aber ich bin in eine andere Frau verliebt.« »Und? Hast du was mit ihr?!« »Nein! Außerdem ist sie hetero. Ach, dies erzähl' ich dir vielleicht ein anderes Mal. Übrigens, was ich dir sagen muß ... ich will auf keinen Fall eine Beziehung mit dir ...« »Hab' ich das verlangt?« »Nein, aber ich merk' doch, daß du nach 'ner Freundin suchst. Ich kann es nicht sein für dich.«

Warum küßt du mich dann, hätte ich sie fragen sollen. Statt dessen schwieg ich die Fahrt lang. Am Abreisetag redete ich ebenfalls kein Wort mit ihr. Nur einen Zettel mit meiner Anschrift und Telefonnummer schmuggelte ich in ihre Jackentasche.

Wochenlang sah und hörte ich nichts von ihr, aber eines Tages rief Valence mich an. Völlig unerwartet, wenn auch tausendfach ersehnt und herbeibeschworen. Sie wollte noch am gleichen Abend vorbeischauen. Die Provence-Fotos wären fertig. Zeigen müßte sie sie mir!

Als ich zu Hause eintraf, war Valence bereits in der Wohnung. Meine Mitbewohnerin hatte ihr geöffnet. Valence saß auf meiner aufgeklappten Schlafcouch, las Zeitung. Ruhig. Selbstsicher in einem fremden Zimmer. Ich entkorkte Sekt, zündete Kerzen an, schob eine Kassette rein. Fast routiniert. Ein Samstagabend mit der Geliebten. Valence schien mir anziehender denn je. Das erste Mal allein mit ihr in einem Zimmer. Wohltuend und gefährlich gleichermaßen.

»Wie lange wohnst du schon hier?« »Erst einen guten Monat. Mein Bett ist noch nicht eingeweiht.« »Und vorher?«

»Hm, da habe ich bei meinen Eltern gelebt.« »Madonna! Da hab' ich ja Glück gehabt. Deiner Mutter möcht' ich nicht unbedingt begegnen. Die hält mich noch für die böse ältere Verführerin ihres unschuldigen Töchterleins!«

»Und? Wirst du mich verführen?!« »Zuerst die Fotos. Und ein Aschenbecher, wenn's geht. Hoffentlich stört's dich nicht, daß ich rauche!« »Tabak ist ein Mittel gegen die Liebe!« sagte ich später zu ihr, als wir miteinander geschlafen hatten.

»Willst du's, ich meine, wolltest du's wirklich?«, fragte sie mich danach und zündete sich eine Zigarette an.

»Aber ja, Valence. Hast du das nicht gespürt? Ich wollte dich von Anfang an, in der Provence bereits. So wie dich habe ich noch niemanden gewollt ...« Sie blieb mißtrauisch, traute meinem durchgeweichten Körper, meinen glänzenden Augen nicht.

»Wie fühlst du dich?« »Gut! Wie fühlt frau sich wohl nach ihrem ersten Orgasmus mit einer anderen Frau!!!« Darauf sie: »Ich wollte nichts tun, was du nicht selber willst. Tu nichts, was du nicht wirklich willst, ja?! Versprich mir das!« »Ich tu' nie etwas, was ich nicht will.« »Das glaub' ich dir nicht ganz.« »Wenn ich tue, was du willst, dann nur, weil ich das gleiche will wie du.« »Willst du denn überhaupt, daß ich's will?« »Ja, Valence. Ich will, daß du's willst. Genauso wie du willst, daß ich's wollte, daß ich's wieder will ... apropos: wann sehen wir uns wieder?« »Da laß ich mich nicht festnageln. Wir telefonieren.«

Auch wenn wir es beide wollten, wenn wir uns gegenseitig wollten, wollte ich es wesentlich öfter als sie. Je mehr ich sie wollte, desto mehr zog sie sich zurück, desto mehr spannte sie mich auf die Wartefolter. An den vielen Abenden, die ich damals in meinem Zimmer verbrachte, um auf ihren möglichen Anruf zu warten, sehnte ich mich wie verrückt nach ihr, sehnte ich mich so sehr, daß ich manchmal sogar glaubte, verrückt zu werden. Ich wurde nicht verrückt, war aber immer mehr verrückt nach ihr. Verrückt nach dem Tabakgeschmack in ihrem Mund von ihren Zigaretten, geraucht in unseren Atempausen, in den seltenen Pausen zwischen Zukkungen, stärkeren Zuckungen, Impulsen, Gegenimpulsen. In den Pausen zwischen Funken, Feuerzungen und dem Ineinanderglühen unserer Becken mit lianenhaft verschlungenen Beinen.

Ich war nicht nur verrückt darauf, mit ihr zu schlafen, sondern auch auf ihre Vergangenheit, auf die Frühstücke beispielsweise mit viel Autobiographischem. Ich sehe mich gegenüber von ihr in der WG-Küche sitzen. Valence öffnete sich allmählich, blätterte vor mir in ihren früheren Jahren, durchlief gemeinsam mit mir die Bildergalerie ihrer ehemaligen Beziehungen. Ein einziger Mann, vierjährige Beziehung in England. Nach ihm Frauen, d.h. bereits als sie noch mit ihm zusammenlebte, ging sie, damals dreißigjährig, in eine Lesbengruppe. So erzählte sie mir. Ihr lesbischer Anteil hatte flacher und flacher geschlafen, war schließlich endgültig aufgewacht. Er hatte an ihrer Identität gerüttelt, sie in jene Gruppe gezogen.

»Seitdem hab' ich ausschließlich Frauen geliebt«, sagte sie und lächelte mich eines der seltenen Male an. Entweder blickte sie ernst in sich hinein oder sie lachte laut. Zu laut manchmal. Im Grunde war sie traurig. Ich war verrückt auf alles von ihr, auch auf jene ständig präsente Melancholie, die mir selbst sehr vertraut war.

Trotz des Altersunterschiedes fiel es uns leicht, zu leicht womöglich, Ähnlichkeiten zwischen uns zu finden, frappierende Übereinstimmungen festzustellen. Wenn wir über unsere Unternehmungen und Pläne redeten, schlichen sich viele »Das interessiert mich auch ... freut mich, daß dir das auch gefällt ... ja, genau, da bin ich ganz deiner Meinung ... im Ernst, kannst du sowas auch nicht leiden?« zwischen die

Sätze. Gingen die tatsächlichen Parallelen dann zur Neige, kam jedes Mal der Auftritt der künstlich zurecht gefeilten. Zurechtgefeilt meist mit einem eingeschleußten »eigentlich«, »hätte« oder »würde«. Scheinbar plötzlich ereignete sich der Einbruch, der Einbruch im zu dünnen Eis der zu vielen versteckten, sprachlich verhüllten Nichtübereinstimmungen. Valence begann Gräben auszuheben, immer schwerer überbrückbare Klüfte zu schaffen, besonders die des fast zwanzigjährigen Altersunterschiedes. Immer häufiger begannen ihre Sätze mit »Das tat ich früher auch mal... so ähnlich hab' ich mich in deinem Alter auch gefühlt... wenn du zehn Jahre älter oder ich zehn Jahre jünger wär', dann hätten wir vielleicht 'ne Chance miteinander... manchmal ist's mir vor meinen Freundinnen richtig peinlich, daß du so jung bist.«

Ab einem bestimmten Punkt, als der Graben so groß geworden war, daß unsere gegenseitige Sympathie fast hineingestürzt wäre, hörte Valence auf mit dem Zusammentragen von all den Unmöglichkeiten dieser Beziehung. Sie versuchte von den aufgetauchten Brüchen möglichst viel wieder auszuklammern und wegzukürzen. Zu diesem Zeitpunkt wußten wir beide nicht mehr, was wir voneinander wollten; höchstens wußten oder ahnten wir, daß wir trotz oder wegen all der Probleme noch nicht auseinander wollten. Ich fragte mich damals und frage mich heute noch, was ich für Valence war. Gemälde? Gespielin? Liebhaberin? Geliebte? Tochter? Freundin? Alles zusammen und anderes: Selbstbestätigung, Begierde, Sinnlichkeit. Sinnlichkeit oder ihr Gefühlseindruck von mir, von meiner Haut, meinem Haar, meinen Händen, Füßen, Armen, Beinen, von meinen Brüsten, meinen Zähnen, meiner Zunge. Wenn Valence mich fühlte, berührte, schmeckte, roch, einatmete, nahm sie etwas von mir wahr, etwas mehr als nichts. Hatte sie nur einen Gefühlseindruck von mir oder auch eine Gefühlsempfindung für mich? Wenn ich an ihre Coolness denke, an ihre Sprüche wie »In einem Matriarchat wäre ich am liebsten Königin. Ich würde mir dann die schönsten Mädchen aussuchen und sie zu meinen stets verfügbaren Gespielinnen machen . . .«, zweifle ich daran, daß ich ihr mehr bedeutete als Sinnlichkeit. Andererseits gab es Valences Tränen, ihre Angst vor dem Älterwerden und dem Sterben, gab es ihre Identifikation mit mir. Ich wäre ihr »junges Ich«, sagte sie einmal zu mir. Ich würde vieles von dem verwirklichen, was sie einst auch vorgehabt hätte.

Sie gab mir viel, führte fast therapeutische Gespräche mit mir, aber es reichte mir nicht. Ich wollte einen größeren Platz in ihrem Leben, wollte mehr als einige Male im Monat mit ihr reden, mehr als ein Gesehen-Besessen-Aufgefressen, mehr als ein Verschlungen-Verdaut-Vergessen. Meine größte Angst war damals, sie würde genug von mir bekommen. Sie hatte Angst davor, ich würde mich in ihrem Leben einnisten. Deshalb wachte sie ungern gemeinsam mit mir auf, wollte kein gemeinsames morgendliches Duschen, Zähneputzen, Frühstücken. Spätestens nach dem Frühstück wollte sie es zurück, ihr eigenes Leben. Plötzlich gab es immer einen Anruf, den sie dringend zu erledigen hatte oder irgendwelche Stadtbesorgungen. Einmal bestand ich darauf, sie ins Samstagsgewühl der City zu begleiten. Bei einem Schmuckstand sollte ich mir einen Ohrring aussuchen. Ich konnte mich lange nicht entscheiden und nahm dann einen spitzen, metalligen mit einem grünen Stein. Ich freute mich über das Geschenk. Kurz darauf schickte Valence mich fort mit ihrem üblichen »Tschüs, war schön, bis nächste Woche irgendwann . . .« Ich ging in die Kosmetikabteilung des nächsten Kaufhauses, da ich einen Spiegel brauchte, um den Metallbügel durch mein leicht zugewachsenes linkes Ohrläppchenloch zu bohren. Schmerz und Euphorie gleichermaßen wie ständig in der Zeit mit Valence ausgelöst durch meine Verliebtheit und ihre Ambivalenz, durch ihr »Geh, bleib, nimm mich, laß mich los, genieße mich, vergifte dich!«

Wenn ich die Augen schließe, kann ich mir noch Valences Zimmer vorstellen mit den großformatigen, von ihr selbst gemalten Bildern an den Wänden; Bilder mit schnell auf das Papier geschleuderten Linien, ineinanderverlaufenden Farbflächen und wirren Überschneidungen. Das größte und auffälligste Objekt im Raum war ein mit einem Flokati zugedecktes Futon. Einmal bezeichnete Valence ihr Bett als ihre Spielwiese. Und wie wir spielten! Stundenlang spielten wir, weiteten die Spielregeln möglichst aus, probierten immer wieder Neues aus. Fast pausenlos erforschten und entdeckten wir uns gegenseitig.

Immer wieder dachte ich an Valences nackten Körper, der dem meinen so ähnlich war und doch so verschieden. Gezeichnet hätte ich diesen Körper gerne, mit Strichen eingefangen oder auch gemalt, den Braunton der Haut in einem Aquarellkasten zusammengemischt. Valences Haut neben meiner: halbtrockener Sand und weißer Marmor. Alabaster-Mädchen nannte sie mich manchmal, wenn sie sich nach unseren Spielen eine Erholungszigarette anzündete und ich nackt in die Küche rannte, um einen Unterteller als Aschenbecherersatz zu holen. Oder ich brachte ihr von meiner Mutter eigenhändig gebackenen Apfelstrudel. Entspannt eng neben ihr kam selbst mein Appetit zurück. Erst wenn ich einige Tage nichts von ihr gehört hatte, kamen sie wieder, jene seltsamen Anfälle von Übelkeit, von Ekelgefühl beim Gedanken an Eßbares.

Fünf Monate lang bedeutete nahezu jeder Freitagabend ein einstündiges Am-Fensterstehen und Warten auf ihren Renault. Danach gewährte sie mir circa eine Stunde Zuhörzeit, war ganz die einfühlsame, warme, wertschätzende Therapeutin, bis sie mich unterbrach mit ihrem »Ich möchte jetzt gerne mit dir schlafen«. Hätte ich es nicht ebenso gewollt, wäre es ihr wohlverdientes Honorar gewesen. Unsere Körper paßten genau ineinander, aufeinander. Jede von Valences Bewegungen löste eine Gegenbewegung bei mir aus, auf die sie wiederum reagierte. Positives Feedback, immer ekstatischer, schneller, bis zum gemeinsamen Exzeß, bis zu einer Wellenlinien zurücklassenden Explosion. Oszillierende Schwingungen, sich immer weiter emporwindende Spiralen, Sinus-Cosinus-Kurven mit aufsteigender Tendenz. Wechselspiel von Anspannung und Lösung, höherer Anspannung und längerer Lösung. Sie saugte sich an mir fest. Ihre Finger kletterten die Tastatur meiner Rippen auf und ab. Ich war erwärmt, erweicht, immer mehr erhitzt, am Sieden, noch nicht ausgeblasen und erkaltet. Sie wurde von mir angeknabbert, angenagt und vereinnahmt. Gegen letzteres wehrte sie sich, während ich ihr zu viele Karten schrieb mit Worten wie »Liebe«, »Erotik« oder »Schönheit«, mit Worten, die zu abgegriffen für sie waren, denen sie nicht mehr traute. Zuerst fühlte sie sich sicherlich geschmeichelt, zumindest hatte sie mir dies gesagt, dann jedoch bedroht von meiner grenzenlosen Obsession. Meine Idealisierung, meine Anbetung ihrer Person wäre eine Erklärung ihres immer deutlicher werdenden Rückzugs. Damals war ich unkundig in den Spielchen um Nähe und Distanz. Immer noch ungern erinnere ich mich an jene Wochen, als ich mit brennendem, entzündetem Ohrläppchen zu Hause saß und vergeblich auf ihre Anrufe wartete. Falls Valence doch einmal Zeit hatte bzw. mich sehen und berühren wollte, sagte ich »Komm sobald wie möglich! Freitag war doch immer o. k. oder?« und erwartete den hereinbrechenden neuen Sturm. Sie und ich, Wasser und Wind in einem. Die Gischt meines Federbetts. Eisschollen, die zersplitterten. Valence war meine Eisbrecherin und mein Coming-out nach eineinhalbjährigem Hin und

Her. Nach meinem »Bin ich's, bin ich's nicht, bin ich's doch, kann ich's sein, bin ich's gern, kann ich's leben?« mein »Ich bin's, doch welche Frau will mich?!«

Der Faden zwischen mir und Valence wurde zusehends dünner. Sie begann zu kränkeln. Ich wollte es nicht abbrechen, es nicht bei einigen Sinnesorgien, bei einigen nahtiefen Gesprächen belassen.

Krank wie sie war, wollte sie mich nicht sehen, obwohl ich sie gerne mit Früchten und mit Orangensaft aufgesucht und aus Büchern vorgelesen hätte. Mitunter dachte ich, sie wäre krank geworden, um einen Grund zu haben, mich nicht zu sehen, ohne mich persönlich zu verletzen. Ich wußte es nicht. Ich wußte nur, daß sie sich auf mich ein Stück eingelassen hatte, obwohl sie sich gar nicht auf mich einlassen wollte. Sie fand mich von Anfang an zu jung und wurde von mir angezogen, weil sie einen Teil von sich selbst in mir wiederfand, vielleicht jenes Kind, das mit offenen Armen lächelnd auf Fremde zustürmt und sich wundert, wenn es nicht in die Arme genommen wird.

Nach Tagen ging es Valence wieder besser. Sie erzählte mir ihre Probleme mit der eigenen Therapie und daß die Heterofrau, in die sie schon seit Monaten verliebt war, ihre Therapeutin wäre. Dies erleichterte mich seltsamerweise. Was wußte ich damals, welch eine enge Beziehung zu einer Therapeutin entstehen kann, welche Gefühle dabei ausgelöst werden können! Womöglich wollte sich Valence weder auf mich noch auf eine andere Frau einlassen, weil sie mitten in einer Therapie steckte. Auf diese Idee wäre ich damals nie gekommen!

Die Freitagabende mit ihr setzten sich wider Erwarten noch ein paar Monate fort. Immer mehr erschienen sie mir wie einzelne Akte, aufeinanderfolgende Szenen eines Theaterstücks, eines Zweifrauenstücks irgendwann und irgendwo. Das Stück war unaufwendig: ein Bett, Kerzen, Weingläser und einige abgegessene oder mit Asche bestreute Teller genügten als Requisiten. Die beiden Darstellerinnen haben ihren Part jeweils selbst geschrieben, führen beide Regie und haben sich noch nicht über die Schlußszene geeinigt. Vor jeder neuen Vorstellung fragte ich mich ängstlich, wieviele Akte noch folgen würden, wieviele Vorstellungen wegen Erkrankung meiner Spielpartnerin ausfallen würden. Ein Happy-End als möglichen Ausgang hielt ich für unmöglich. Ich fand Gefallen an Tragödien. Auch überlegte ich mir, ob ich meine Rolle solange beibehalten sollte, bis Valence nicht mehr mitspielte, oder ob ich lieber meine Rolle ändern sollte, bevor Valence aufhörte. Die Freitagabende waren mein festes Engagement, gleichzeitig mein Theaterabonnement: Immer wenn der Vorhang aufging, zweiteilte ich mich, wurde halb zuschauende Akteurin, halb agierende Zuschauerin. In dem Augenblick, in dem Valence mein Zimmer betrat, standen wir beiden im Scheinwerferlicht unserer gegenseitigen Aufmerksamkeit. Manchmal fragte ich mich, in welchem Stück ich mich eigentlich befand und welche Rolle ich darin spielte. Analyseobjekt oder weiblicher Lustknabe? Wohl eine Mischung aus beidem. Abgesehen davon war ich ihr eine Freundin geworden. Bevor sie kam, stand ich lange im Bad vor dem Spiegel. Ich öffnete meinen Pferdeschwanz und bürstete das gesamte Haar auf eine Seite. Meistens trug ich damals eine hautenge rote Jeans, in die ich einen schwarzen Pulli stopfte. Vorhandener Schweiß wurde wegdeodoriert, vorhandene Pickel überpudert. Meine Augen umrandete ich mit schwarzem Kajal. Südländisch, d. h. spanisch wollte ich aussehen, auf der Saura-Carmen-Welle reiten und Valence erzählen, daß das spanische »Ich liebe dich« übersetzt »Ich will dich« heißt. »Te quiero ... te quiero ... te quiero ...«, wie oft wiederholte sie dies in meiner Gegenwart und meinte dazu: »Ich muß es doch einüben. Je öfter ich's hersage, desto besser behalt ich's ...«. Immer wieder blickte ich auf die Uhr und in den Spiegel, drehte mich, betrachtete mich vom Profil, um zu überprüfen, ob ich etwa zugenommen hätte. Ich zupfte am Pulli herum, fing widerspenstige Haarsträhnen ein. Dann legte ich mich auf die aufgeklappte Bettcouch oder stellte mich ans Fenster und wartete auf Valence, wartete auf ihr »Willst du? Ich hab' große Lust!«

Chris Paul
Natürliche Gefühle

Dies ist eine Liebesgeschichte ohne glücklichen Ausgang – wahrscheinlich hat sie nicht einmal einen glücklichen Anfang gehabt. Es ist eine Liebesgeschichte, wie sie nur zwischen Frauen geschehen kann, und jede Frau hat gute Chancen, diese Geschichte wenigstens einmal zu erleben.

Obwohl sie also durchaus üblich ist, diese Liebesgeschichte, unterliegt sie strengster Geheimhaltung. Sie wird nicht erzählt, nicht einmal erinnert. Wenn jedoch eine, die sie erlebt hat, von dieser Geschichte erzählen würde, dann spräche sie vielleicht so:

Natürlich habe ich dich gewollt.

Und die andere würde antworten:

natürlich liebe ich dich.
du warst die erste. die einzige.
stolz und schön. meine königin.

Natürlich habe ich dich gewollt. Das sind ganz normale Gefühle. Ein Mädchen. Mein kleines Mädchen.

Es ist wichtig, gerade in der Liebe, zu wissen, wer wem gehört.

Ich wußte nicht, was ich mit dir machen sollte.
Zuviele Gefühle.
Anweisungen, Ratschläge: Lassen Sie sich nicht auf dem Kopf herumtanzen, setzen Sie von Anfang an ihren Willen durch!
Mein Liebling.

mama.

Dies ist eine Liebesgeschichte ohne Glück, weder am Anfang, noch in der Mitte. Eine lehrreiche Geschichte, an der fürs Leben gelernt wird – glückloses Lieben. Von einer Frau zur nächsten Frau.

Ich hatte mich so auf dich gefreut. Aber es klappte nicht. Du warst kein hübsches Baby, du hast viel geschrieen, ich blieb dick, der Damm-Riß verheilte schlecht. Den Akkord am Fließband habe ich nicht vermißt, aber den ganzen Tag zuhause, wegen dir –

dir nah sein. dir ein einziges mal nah sein. deine umarmung auskosten. in deinen schoß gebettet einschlafen, mit dir flüstern können. von deiner zärtlichkeit eingehüllt, bei dir sein.

Selbstsüchtige kleine Kröte, du wolltest mich unterkriegen!

du wußtest alles besser als ich, das war ganz selbstverständlich.

Was bildest du dir ein, mir zu widersprechen?
Hast du nicht alles, gebe ich dir nicht jede Chance?

entschuldige, bitte verzeih mir, es war nicht so gemeint.

Du machst mich unglücklich.

du bist kalt
du bist grob
du bist unzufrieden mit mir.
ich bin schuld.

Ich hatte mir das alles anders vorgestellt.

weißt du nicht, daß ich dich liebe?

Was weißt du schon von meinen Gefühlen?

willst du es nicht wissen? oder reicht es dir nicht?
was willst du denn noch von mir?

Ist das denn zuviel verlangt – ein bißchen Aufmerksamkeit, ein wenig Interesse, etwas Verständnis.

den vorgang rückgängig machen, der mich dir entrissen hat,
die endgültige entzweiung.
das eigene blut. der eigene atem.
aus eins mach zwei mit dem schnitt durch die nabelschnur.

Dein Vater ist treu. Er muß treu sein. Er muß glücklich sein.
Er ist der einzige, dem ich vertraue.
Du hast mich zu oft verlassen.

ich erinnere mich sogar.
es hat mir nicht gefallen, außerhalb von dir zu sein. fort von dir. es hat mir nie gefallen, getrennt von dir zu sein.

Dich habe ich aus meinem Herzen gerissen. Die Nabelschnur habe ich durchtrennt im Traum und dich in die Mülltonne geworfen.
In den Abfall meiner Phantasie, frei von dir, ein ganzes Leben vor mir ohne dich, dich, in meiner Phantasie.
Hundertmal habe ich dich weggeworfen.

aber ich liebe dich doch, ich tu alles für dich.

Was willst du denn mit mir alter Schachtel – du hast doch Freundinnen genug. Immer mußte ich dich teilen, du hast auf deinen Weibern bestanden.

wie du meine trennungen genossen hast.

Ich war doch immer nur gut genug für den Übergang, wenn du gerade keine hattest.

ich möchte, daß du sie kennenlernst.

Muß ich es dir noch einmal sagen – ich liebe keine Frau außer dir!

sie wird dir gefallen – sie ist nett.
ich sage dir nie, wie wunderbar eine für mich ist.
nett, sage ich. sie ist nett. es wird dir gefallen bei uns.
gib mir diese chance.

Du kannst nicht von mir verlangen, daß ich das ernstnehme – die Umstände, unter denen du da lebst. Das ist doch mit Sicherheit in ein paar Monaten wieder zu Ende. Und dann soll ich mich wieder an eine andere gewöhnen. Du wirst verstehen, wenn ich mich erst mal zurückhalte.

was hast du gegen sie?

Ich?
Hat sie dir das eingeredet, ja?
Sie drängt sich zwischen uns. Merkst du das denn gar nicht, was bist du bloß für ein Mensch?

sie ist nicht nur wunderbar, weißt du.
wir haben probleme. ich bin unglücklich.
keine versteht mich so gut wie du.

du hattest recht. ich habe es falsch gemacht. sie war gar nichts für mich. du hast das ja gleich gesehen. verzeihst du mir?
Nein, du verzeihst mir nicht. du ziehst mich damit auf.
du läßt mich wissen, daß ich es falsch gemacht habe.
daß ich immer alles falsch mache.

Denkst du nicht, ich hätte mir das anders vorgestellt? Du hättest es viel einfacher haben können. Aber du wolltest es ja so. Und sag nicht, daß ich nicht hinter dir stehe.

gut, daß du zu mir hältst.
wenn ich dich nicht hätte.

Es ekelt mich bei dem Gedanken – zwei Frauen im Bett. Wenn ihr zu Besuch kommt, kannst du bei mir schlafen und sie im Gästezimmer, das Bett da ist viel zu klein für zwei.

ich habe nie bei dir geschlafen.
ich durfte nicht mal deine hand halten, als du krank warst.
was soll das jetzt?

Du darfst mich nicht alleinlassen, das kannst du mir nicht antun. Weißt du noch, wir beide, wir waren immer ein großartiges Team. Alle haben uns beneidet, erinnerst du dich nicht?

ich möchte mit dir reden, mir geht so vieles im kopf herum. es ist nicht gegen dich, ich möchte es nur einmal sagen können, das ändert doch nichts an meiner liebe zu dir.

Was bildest du dir eigentlich ein, du mit deinen albernen Vorstellungen vom Leben. Was weißt du denn davon, was es heißt, eine Ehe dreißig Jahre zu erhalten. Das war nicht nur Zuckerschlecken!

Ich wünsche dir ja, daß du so eine Erfahrung noch mal machen kannst, aber zu einer echten Bindung bist du wahrscheinlich nicht fähig.

hör auf!

Die Wahrheit kannst du nicht ertragen, aber mir Vorträge halten! Wenn du einen Streit anfängst, dann mußt du auch damit rechnen, daß ich zurückschlage.

hass, mutter.
lass und krieg spielen.
ich stech dir die augen aus
und reiß dir die zunge raus
binde dich und töte dich, stück für stück.

Ich brech dir das Herz
ich brech dir das Genick
das Rückgrat, alles.

laß uns aufs ganze gehen. auf leben und tod.
ich zerfetze dich, mutter. ich bleibe.

Ich zerbreche dich in handliche kleine Stücke,
wirst du wohl gehorchen! Wirst du wohl fügsam sein.
Schmiegsam. Meine Kleine.

ich kann deine angst spüren.
hast du meine so gespürt? so genossen?

Ein Wurm. Plärrendes Würmchen. Bis heute.

du kriegst altersflecken und alterskrankheiten, graue haare hast du schon. dumm und ungeliebt wirst du sterben, in 20 Jahren oder 30, wie deine mutter.

du wirst sterben, und bei deiner beerdigung werde ich nur aus sentimentalität ein bißchen weinen, und hinterher werde ich lachen und erzählen, wie wenig du mir bedeutet hast und wie lästig du mir warst in deinen letzten jahren.

Na und?

Kein Happy-End, dabei wäre es so schön. Die beiden Arm in Arm, Tränen der Rührung, und nie wird jemand zwischen sie kommen. Aber nicht mal ein Tod wird Bewegung bringen in diese Liebesgeschichte. Eine erstarrte Geschichte, ein Puppenspiel, hölzerne Masken.

spieglein, spieglein an der wand – wer ist die schönste im ganzen land?
ich.

Ich.

du bist die spinne im netz, da nützt mir alle schönheit nichts. alle wege führen auf dich zu oder um dich herum, immer um dich herum, um den mittelpunkt. frau königin.
aber hinter den sieben bergen, da ist platz für mich. komm mich doch besuchen. und du fütterst mich mit gift. lahm bin ich nach deinem besuch, lebensmüde. ich gefalle dir nicht. du haßt meine schönheit. dabei war sie für dich.

Mein Kind. Mein liebes Kind. Mein Töchterlein.
Du schielst nach der Macht. Du schielst nach dem König.
Meinen Platz willst du haben. Aber den kriegst du nicht.
Zwischen uns war Krieg, von Anfang an. Und ich vernichte dich oder ich vertreibe dich.

läßt du mich, wenn ich gehe?

Ich vernichte dich.

Sie müssen es unter sich ausmachen. Es gibt keinen Prinzen in dieser Geschichte, keine Hochzeit, keine glühenden Pantoffeln, keine gute Fee, die ein Lösungswort weiß für einen glücklichen Ausgang. Oder besser noch – eine glückliche Geschichte.

so geht es nicht weiter, wir machen uns doch gegenseitig kaputt.

Du wirst zu mir zurückkommen. Das hältst du nicht durch.

heimweh.

Du mußt klein beigeben. Ich brauche dich. Die einzige Frau, die ich liebe. Zu oft verlassen. Du mußt.

das kind hat dich gebraucht. du fütterst es mit gift. kämmst mir die schönheit aus dem haar mit deinem kamm. frau königin, ich will den könig nicht. wollt selber könig sein, an deiner seite, regieren mit dir.

Ich will dich nicht, begreif das endlich! Will dich nicht! Brauche dich nicht!

spinne im netz. alle wege auf dich zu oder um dich herum, wer sich umdreht oder lacht, kriegt den buckel blau gemacht. umgedreht, die alten schläge eingesteckt, das kind, das kind hat dich geliebt.

Sie zu, wie du damit fertig wirst. Mir geht es gut, dich brauche ich nicht. Wer würde jemanden wie dich brauchen?

das kind.
das kind hat mir die geschichte erzählt.

Das glaubt dir kein Mensch.

ich habe das kind in den arm genommen – ich glaube dir, habe ich zu dem kind gesagt. mädchenkind. ich brauche dich.

Dies ist kein Puppenspiel.
Dies ist eine Liebesgeschichte mit glücklichem Anfang. Improvisation ohne Masken. Eine Liebesgeschichte, wie sie nur zwischen Frauen geschehen kann, und jede Frau hat gute Chancen, sie wenigstens einmal zu erleben.

Claudia Kleiber
Schwarze Eierschalen
Eine Parabel

Schwarze Locken. Immer wieder schwarze Locken. Schlank. Die Brüste zu klein, nach Männermaß. Große, ausdrucksvolle Augen. Grau. Gegensatz zum schwarzen italienischen Temperament. Die Hände ein wenig zu grob für Zärtlichkeiten, breit wie die Füße. Wäre die Nase weniger gebogen, hätte das Gesicht etwas Mädchenhaftes. Laut. Die Stimme dominant. Kapriziös. Intellectuelle-bohémienne-Mischung. Von allem etwas. Genug von allem? Wäre sie ein Mann, würde sie kleine, zerbrechliche Mausgesichter mit Kirschaugen lieben. Sie ist eine Frau, trotz allem, und verachtet Frauen. Sie hat einen Wunschmann und zwei Wunschkinder. Eigentlich hätte sie eine Kameliendame werden sollen, von Männern bewundert, ausgehalten, Karriere auf den Pfaden anderer. Die Romantikerin mißversteht das bürgerliche Ideal. Der Gatte keine Traumschiffprominenz, der Filius kein aufstrebender Akademiker, Mädchen sowieso nichts.

Was sollte auch das Mädchen, dem es nicht erlaubt ist, mit der Mutter zu konkurrieren. Erwachsen werden, ohne eine Frau zu sein. Ansprechpartner sein, ohne denken zu können. Bürgerliches Ideal verkörpern, ohne die Großmutter altern zu machen. Erfolgreich sein, ohne die Mutter in den Schatten zu drängen. Frausein neu definieren, nachdem der Versuch seit Generationen scheitert?

Suchen. Die Mutter. Am besten so werden wie sie. Mutter werden. Mutter sein. Die Haare. Die Brüste. Die Nase nicht unbedingt. Ihre Probleme leben. Den Geist schulen, immer mehr.

Mitreden. Argumentieren. Verteidigen. Die Stimme erheben. Es ihr gleich tun. Um akzeptiert zu werden. Um nicht überrollt zu werden. Um zu werden. Um dabei immer weniger akzeptiert zu werden.

Ersatz. Mit der Erfahrung ungelebter vierzig Jahre auf der Suche nach weiteren Egozentrikerinnen. Verstehen von Eheproblemen.

Helen war wie ein Fels in der Brandung, an den sich lehnen konnte, wer eben wollte. Sie war eine geradlinige Westfälin, eine zuverlässige, einfühlsame und dabei sehr ehrgeizige Krankenschwester an einer Universitätsklinik. Ihr äußeres Erscheinungsbild bedurfte keinerlei farblicher Betonung oder femininer Verspieltheiten. Das Mädchen hatte gerade zeitgleich Abitur- und Führerscheinprüfung bestanden und war stolz darauf, Helen jeden Tag nach Dienstschluß nach Hause bringen zu dürfen, denn Helens Wagen fuhr ihr Ehemann, der Helen und die drei Söhne zu tyrannisieren begonnen hatte, seit er beruflichen Erfolg hatte. Helen verwöhnte das Mädchen, das als Praktikantin auf ihrer Station arbeitete. Sie erledigte unangenehme Arbeiten, für deren Verrichtungen sie das Mädchen als zu jung erachtete, und wenn sich das Mädchen nicht wohl fühlte, versorgte Helen es mit allerlei Medizin und mütterlichen Ratschlägen, die das Mädchen dankbar annahm, weil sie an die alte Lehrerin erinnerten, deren gesamte Ungerechtigkeiten das Mädchen in dem einzigen Moment vergessen hatte, als die Lehrerin, selbst Mutter einer damals achtjährigen Tochter und beflissen wie die meisten Mütter, seine Stirn befühlte und sagte: »Kind, Du glühst ja! Weiß Deine Mutter das nicht?«

Helen und das Mädchen hatten viele Gespräche während der allabendlichen Autofahrten. Sie sprachen über Helens

Eheprobleme, tauschten sich über Musik aus – beide waren sie große Opernliebhaberinnen, und dank Helen lernte das Mädchen auch einiges über modernere Popmusik, ein Gebiet, das sie bislang hochmütig verachtet hatte, und oft genug war das Mädchen derart in das eben geführte Gespräch vertieft, daß es etliche Verkehrsregeln mißachtete, was natürlich in Gegenwart der Freundin besonders schwer wog. Später lud Helen das Mädchen gelegentlich in ein Restaurant zum Essen ein und lehrte es, im Umgang mit der medizinischen Hierarchie sorgfältiger die Worte zu wägen. Die schwäbische Stationsschwester war wenig sparsam mit anzüglichen Bemerkungen über die Freundschaft zwischen der achtzehnjährigen Praktikantin und der patenten Ehefrau, was diese jedoch mit Gelassenheit hinnahm.

Helen lebte in Scheidung. Sie bezog ein kleines Schwestern-Appartement, das sie für sich einrichtete und dessen Besucherinnen sie äußerst sorgfältig auswählte. Nicht einmal die erwachsenen Söhne hatten das Refugium betreten dürfen. Nachdem die Praktikantin längere Zeit auf einer anderen Station gearbeitet hatte, traf sie Helen eines Morgens unvermutet nach dem Nachtdienst in der Eingangshalle. Beide waren sehr verwirrt und versuchten, kurze Einblicke in ihr neues Leben zu bieten. Helen wirkte jung und strahlend und erzählte euphorisch von ihren Plänen, die Leitung einer internistischen Station zu übernehmen, auf der das Mädchen dann die Ausbildung zur Krankenschwester beenden sollte.

Etwas weniger euphorisch deutete sie an, künftig sexuelle Beziehungen zu Frauen ausleben zu wollen, und das Mädchen konnte sich wirklich mit einem Mal vorstellen, eine dreijährige Ausbildung zur Krankenschwester sei ein sehnlicher Wunsch.

Das Mädchen erhielt eine offizielle Einladung in das Refugium, verbrachte die folgende Woche mit unzähligen vergeblichen Versuchen, die treulose Freundin telefonisch zu erreichen, und gab schließlich auf.

Eines Nachts erzählte ein Krankenpfleger von einem Autounfall, den eine Krankenschwester zusammen mit ihrem Mann gehabt haben sollte. Er wußte den Namen der Frau nicht, nur daß er irgendwie ein »H« hatte, kannte auch die Kollegin nicht persönlich. Ein Zwanzigjähriger habe in einer Linkskurve die Kontrolle über den BMW seines Vaters verloren und das Ehepaar, das am Pfingstmontag einen Vespa-Ausflug unternommen hatte, getötet.

Co-Trauerarbeit nach Toden alter Ehemänner. Erfahrungsaustausch. Versuche, die Schönheit anderer zu erreichen, ohne zu begreifen, daß Seelenverwandtschaft mit einer jungen Frau nicht gefragt ist. Klagloses, fragloses Akzeptieren unausgesprochener Grenzen. Überholt von strahlenden jungen Männern ohne Manieren. Männern, die Frauen beeindrucken, erheitern, zu Tränen rühren dürfen. Deren Charme darin besteht, keinen Charme haben zu müssen. Deren Fähigkeit zur Elementarnumerierung genial gehandelt wird.

Das Medizinstudium war nach dem Tod des Vaters und der Freundin ebenso sinnlos geworden wie der zwischenzeitliche Krankenpflegedienst unerträglich. Das Theater, dem schon Vater und Mutter angehört hatten, bot zahlreiche Expressionsmöglichkeiten und wohltuende Vertrautheit. Kristina war eine ungewöhnliche Erscheinung am Theater. Sie hob sich vom Gros der Kolleginnen durch bestechende Intelligenz und die Ernsthaftigkeit ihrer Arbeitsauffassung ab. Für männliche Kollegen war sie entweder zickige Provokation oder zu ergründendes Geheimnis. Sie hatte verschiedene Studiengänge beschritten, ohne sich jemals über deren

Dauer und Erfolg näher zu äußern, hatte später als Journalistin gearbeitet und vierzigjährig schließlich ihrer lebenslänglichen Liebe zum Theater nachgegeben und die Schauspielschule besucht. Sie war einem wesentlich älteren jüdischen Emigranten nach London gefolgt, wo sie sechzehn Jahre gemeinsam verbracht hatten. Nach dem Tod des Freundes kehrte Kristina nach Deutschland zurück.

D. lernte Kristina an einer kleinen Landesbühne kennen, einer der unendlich vielen Bühnen, an denen Kristina vorgesprochen hatte. D. nahm sich Kristinas Fleiß zum Vorbild und begab sich auf die Suche nach allerhand weiterbildenden Kursen und Workshops, um Kristina zu imponieren. Kristina wehrte alle Fragen zu ihrer Person als indiskret ab und zog sich meist mit einer Handvoll Oropax in ihr Zimmerchen in der permanent zu unruhigen Künstlerwohngemeinschaft zurück. Manchmal nach der Abendvorstellung bat sie D. auf ein Gläschen Weißwein zu sich ins Zimmer. D. hatte dann darauf zu achten, den Wein möglichst lange leer zu zelebrieren, ohne darüber jedoch den Zeitpunkt zum Abgang zu übersehen, denn ein direkter Rausschmiß konnte keinesfalls riskiert werden. Auch durften Kristinas Nerven nicht bis zur Gefährdung einer neuerlichen Einladung strapaziert werden. Kristinas Zeit war nicht die Nacht – sehr zum Leidwesen D.s, die den Höhepunkt ihrer Biokurve gegen nächtlichen Künstlerlärm einzusetzen lernte, was ihrer Beliebtheit im jungen Ensemble nicht gerade zuträglich war. Außerdem schulte sich D. in der Zubereitung fürstlicher Frühstücke und Sahnetorten, mit denen Kristina zu fast jeder Zeit bestechlich war. Hin und wieder kam es sogar zu einem ausgedehnten Waldspaziergang, zu dem sich D., die leidenschaftliche und nach Kristinas Auffassung zu rasante Autofahrerin, jeweils gerne zwang. Mit einer weiteren Freundin wurde an den Wochenenden in den nahegelegenen Kurort zum Tanz gefahren. Kristina war beständig in Sorge, ob sie wohl aufgefordert würde, und verfiel schlagartig in kindlichen Übermut, wenn die Verehrer sich um sie scharten. Anmutig nahm sie Komplimente und Einladungen zu Diners entgegen, ohne jemals zu durchschauen, welcher Art die geplanten »Diners« sein sollten. D. freute sich an diesen Abenden über Kristinas Ausgelassenheit, wenngleich sie selbst niemals imstande war, einen Tanz ohne diverse Malträtierungen entweder der eigenen oder der Füße des jeweiligen Partners zu überstehen.

D. erwarb Unmengen kosmetischer Hilfsmittel, um neben Kristinas fragiler, unaufdringlicher Schönheit, die auch nicht ausschließlich naturgegeben war, bestehen zu können. Ihre Hungerkuren wurden von Kristina teils argwöhnisch, teils mitleidig betrachtet und konnten nicht das geringste ändern an der Tatsache, daß D. eine zu kurz geratene junge Frau war, deren einziges Verdienst darin bestand, allzeit verfügbar zu sein, alle Probleme zu verstehen und Kristinas plötzliche Stimmungswechsel auszugleichen. Kristina sprach nie über ihr Alter. D. war die einzige im Ensemble, die wußte, daß Kristina längst die vierzig überschritten hatte, und verschwieg fortan ihr Alter ebenfalls. Kristina sprach viel über das Theater, Literatur und Politik. Seltener sprach sie über die Beziehung zu ihrem Lebensgefährten und ihren Eltern. Ihr Vater war ein bekannter Schriftsteller gewesen, und die Mutter, eine zerstörerische, possessive Frau, verwaltete seinen Nachlaß. D. erzählte auch von ihren Eltern, den Tod der Freundin verschwieg sie, denn sie wußte nicht, wie Kristina auf diese Beziehung reagiert hätte. Zwar kämpfte Kristina beständig für die Menschenrechte, erregte sich über Diskriminierung von Frauen und Minderheiten und gab zu, in all ihre Lehrer, ob männlich oder weiblich, immer verliebt gewesen zu sein, doch ob sie mit D.s Begehren einverstanden gewesen wäre, konnte D. nicht ermessen. Um keine Zurückweisung herauszufordern, schwieg sie. Sie wußte auch mit einem Mal nicht mehr genau, ob sie mit Kristina wirklich eine sexuelle Beziehung hätte eingehen wollen, denn sie hätte es gar nicht über sich gebracht, sich einer so schönen Frau unbekleidet zu präsentieren. Also mied sie das Thema und sprach über den Tod ihres Vaters, der wieder nicht ihr eigener Verlust, sondern in erster Linie der ihrer Mutter sein durfte. Sie erzählte ausführlich und lebendig von ihrer Mutter, so daß Kristina, die zurückhaltende Norddeutsche mit dem angegriffenen Nervenkostüm, in Enthusiasmus über das Temperament und die Kraft der schillernden Persönlichkeit ausbrach, als sie sie schließlich kennenlernte. D.s Mutter ihrerseits vergaß vorübergehend ihre Abneigung gegen Frauen und fand in Kristina eine Gleichgesinnte, die ähnliches Leid durchgemacht hatte, und die ebenfalls an der Vergänglichkeit des Lebens krankte.

Rückzug in die kleinkarierte, miefigbeleidigte weibliche Giftküche voller Neid und Mißgunst.

Arbeit. Arbeit und Erfolg. Immer mehr Arbeit. Verfügbar sein. Unentbehrlich werden. Achtung statt Ächtung. Respekt statt Beliebtheit.

Subkultur. Sichtbar werden für Frauen. Gesehen werden von Frauen. Gewollt werden von Frauen. Wichtig sein. Endlich einmal wichtig sein für eine Frau. Schönheit neu definieren. Je weniger Attraktivität nach patriarchalischer Klischeevorstellung, desto besser. Einsamkeit teilen. Wärme. Verdrängen von Unterschieden, wenigstens für eine Nacht. Flucht am Ende der Nacht. Flucht vor der Einsamkeit. Flucht in die Einsamkeit. Flucht in die asexuelle bürgerliche Existenz und den geistigen Austausch an der Universität. Rückkehr in die Zerrissenheit der Nacht. Nächtliche Körperlichkeit als Erfüllung ungelebter Tagträume. Sex ohne

Verliebtheit, Verliebtheiten ohne Sex. Überdruß. Überdruß und Selbstverachtung. Aufgabe aller Idealvorstellungen bürgerlicher Lebenskonzepte. Formulierung neuer Moraltheorien.

Radikalität. Bewegung. Lesbenbewegung. Frauenbewegung. Separatismus. Gruppenarbeit. Untergang des Individuums in der Gruppe. Anpassungsversuche an neue Normen. Ineffizienz oder Unpersönlichkeit. Hierarchien mit begrenzter Aufbruchsmöglichkeit. Unmöglichkeit, Gleichheitsansprüche zu verwirklichen. Resignation. Rückzug aus der Gruppe. Versuch des Einzelkampfes nach eigenen Kriterien, ohne Dogmen.

Gratwanderungen auf felsigem Eis.

Von einer ihrer vielen Reisen zurückgekehrt und zu müde, um nach Hause zu fahren, besuchte Daniela eine alte Freundin, eine Lesbe, die immer begierig war, neuen lesbischen Klatsch zu hören. Daniela erzählte von ihren tragikomischen Erlebnissen mit Kristina, und, als ihr die Geschichten selbst langweilig wurden, begann sie in den Bücherregalen der Freundin zu stöbern. In einem Gedichtband stieß sie auf den Namen einer früheren Kollegin ihres Vaters, die sie als Kind bei einem Theaterbesuch kennengelernt hatte. Henriette war für die achtjährige ein Kuriosum gewesen. Sie kam aus irgendeinem Moordorf am Ende der Welt und war auf friedliche Weise unangepaßt und versponnen, fütterte die Vögel und Eichhörnchen auf ihrem Fensterbrett und war im Gegensatz zu anderen Kolleginnen von Danielas Vater nie zu beschäftigt, um sich nicht mit Kindern abzugeben. Die damals Dreißigjährige führte lange, ernsthafte Gespräche mit dem kleinen Mädchen über den Sinn des Lebens, Gespräche, an die sich Daniela noch nach vielen Jahren erinnerte, als sie in dem Buch ihrer Freundin die zwei Gedichte von Henriette las.

Die beiden Frauen begegneten sich zu Ostern wieder. Ein längerer Briefwechsel hatte die tausend Kilometer zwischen ihren Wohnsitzen zu überbrücken versucht und die Neugier unerträglich werden lassen. Henriette und Daniela verbrachten eine Woche voller Erinnerungen in dem Haus, das Henriette nach dem Tod ihrer Mutter wieder bezogen hatte. Daniela war verzaubert von der elegischen Weite der Nordseelandschaft und ließ sich treiben in der liebevollen Aufmerksamkeit der Freundin. Daniela lernte, morgens zu genießen, was ihr serviert wurde, mittags frischen Fisch zu essen und nachts mit Henriette Rotwein zu trinken. Dabei hörten sie Musik und ihre beiden Stimmen. Daniela liebte Henriettes klares ungeschminktes Gesicht und die verwaschenen Jeans und Baumwollhemden auf ihrer nackten Haut. Henriette besorgte alle Arten infantiler Genußmittel für Daniela, bemalte Ostereier, die den Karsamstag bereits nicht mehr erlebten, und erfand Rätselaufgaben für Daniela. Sie ließen Wind und Regen um ihre Ohren peitschen und die Glieder schwer werden in heißem Badewasser. Henriette ermutigte Daniela, ihr Lieder vorzusingen, lehrte sie, ihre Eigenheiten zu schätzen und ihren Körper zu akzeptieren.

Als beide wieder arbeiten mußten, telefonierten sie täglich. Nach einem Monat sahen sie sich wieder und versanken wieder in ihre Abgeschiedenheit.

Die Trennungen wurden immer länger und immer quälender. Das Wiedersehen immer problematischer und die Wechselbäder der Gefühle immer gewaltiger. Daniela lebte mit ihrer Mutter zusammen in einem Einfamilienhaus. Wenn Henriette zu Besuch kam, mußte Daniela ein Hotelzimmer für sie besorgen, da die Mutter den Anblick der perversen Alten, die ihr die Tochter weggenommen und verführt hatte, nicht ertrug. Danielas Freundinnen und Freunde waren alle

Freunde der Mutter gewesen, die sich über Danielas Veränderung durch den schlechten Einfluß der maskulinen Freundin sehr wundern mußten. Daniela wurde zurückhaltender in der Präsentation ihrer Freundin. Sie begab sich weitgehend alleine in die Öffentlichkeit und verweigerte Aussagen zu ihrem Privatleben. Allmählich begann sie auch, andere Maßstäbe an die Freundin anzulegen und sich nach Frauen umzusehen, die dem Schönheitsbild ihrer Mutter entsprochen hätten. Henriette und Daniela verbrachten kaum Zeit miteinander. Sie teilten sich abends mit, was sie tagsüber erlebt hatten, und wenn sie sich trafen, arbeiteten sie an gemeinsamen Projekten. Sie achteten einander, vergaßen nie die Gesetze der Höflichkeit und respektierten die Grenzen der anderen. Daniela folgte jederzeit den Rufen ihrer Mutter und ihrer Arbeit, und Henriette stimmte ihr Leben auf die Bedürfnisse ihrer Katzen und Hunde ab. Von den vielen gemeinsamen Interessen blieb schließlich die Übereinstimmung geistigen Niveaus.

Danielas Mutter fand sich nach einer Weile des Kampfes ab mit der Freundin ihrer Tochter, denn sie hatte entdeckt, daß die sensible Frau eine gute Zuhörerin war, die das rechte Alter hatte, eine Vertraute der Mutter zu werden, und die genügend außenstehende Respektsperson war, um als Ohr für Hilfeschreie anerkannt zu werden.

Daniela begann, sich ihre Nörgeleien an Henriettes mangelnder Bereitschaft zur Selbstdisziplin als sie nicht mehr unmittelbar betreffend abzugewöhnen, und Henriette ließ sich immer weniger von Danielas Maßregelungen beeindrucken. Danielas neu erworbenes Selbstwertgefühl verdankte sie Henriette. Das vergaß sie nie, wenn sie auch lernte, es ganz unbefangen und selbstverständlich einzusetzen und davon zu profitieren. Henriette übernahm ein wenig von Danielas Selbstkritik, was sie mitunter auf den Boden der Realität zurückführen konnte.

Eostrae blieb jahrelang das Fest der Wiederentdeckung, das Fest einer neuen Kindheit, das Fest einer tiefen Freundinschaft. An den Tagen zwischen Eostrae begab sich Daniela auf die Suche. Mit jedem weiteren Tag wurden ihre Ansprüche weniger erfüllbar.

Groteske. Die Intellektuelle. Die Mütterliche. Die Lehrerin. Die Ärztin. Die Westfälin. Die Pianistin. Die Blonde. Die Lady.

Immer wieder die gleichen Muster in all den Jahren. Nur die kapriziöse Bohémienne ist verschwunden – oder auf lange Zeit besetzt. Stetiges Wiederkehren von Faszinationen, wobei die gleichen Fehler nicht wieder gleich gemacht werden müssen. Überflüssigkeiten in der Biographie.

Lernen von allen Frauen. Prägung aller wesentlichen Bereiche durch Verliebtheiten. Wechselbeziehung mit den jeweiligen Frauen. Erinnerungen erneuern, vervollständigen, vervielfältigen sich. Bleiben als etwas sehr Wertvolles, wenn auch allen Frauen gemeinsam ist, daß sie sich so lange für D. interessieren, solange sie mit ihr das Bett teilen wollen. D. hat beschlossen, das als etwas dem Menschen Innewohnendes zu akzeptieren und Fragen bezüglich der Moralität zu überhören. Oder?

Angelika Mechtel
Liebe Pia – liebe Tochter

Dein Problem, liebe Pia, ist, glaube ich, heute gar kein Problem mehr. Wenn Du wissen willst, welche Art der Liebe für Dich die richtige ist und mich mit dieser Frage in Dein Vertrauen ziehst, kann ich Dir nur raten: Probiere es einfach aus! Sei neugierig! Laß Dich auf Abenteuer ein. Du hast heute alle Möglichkeiten.

Anders als ich damals in den fünfziger Jahren, als ich mir selbst Gedanken darüber machte, wie ich denn nun wirklich veranlagt sei und niemanden fragen konnte. Sexualität an sich war damals tabu, die gleichgeschlechtliche Liebe erst recht.

Homosexualität – und damit waren nur die Männer gemeint – war allgemein und grundsätzlich verboten. Und die Lesben? Nun, die fanden schlicht und einfach nicht statt, weder in der öffentlichen Diskussion, noch im Gesetzbuch. Sie waren eine »Quantité négligable«.

Meine Geschichte begann Ende der fünfziger Jahre. Ich war vierzehn oder fünfzehn, kam neu in die Stadt und neu in die Schule.

Kirsten war Klassenbeste und Klassensprecherin; damals eine durchaus logische Ämteranhäufung in einem Mädchengymnasium.

Wie ich es schaffte, mich an sie heranzumachen, weiß ich nicht mehr. Sie muß eigentlich eine Menge Freundinnen gehabt haben. Sie war ja in dieser Stadt geboren, aufgewachsen und niemals neu, allein und fremd gewesen.

Wie auch immer. Ich muß es geschafft haben, sie aus alten Freundschaften oder Cliquen herauszulösen. Schon wenige Monate nach meiner Ankunft gab es nur noch uns beide, unsere Liebesschwüre, Sehnsüchte, Eifersüchte, Besitzansprüche.

Wir waren ein Paar. Süchtig danach, uns zu berühren, uns zu schmecken, zu riechen, zu hören, zu sehen, zu sprechen.

Es gibt Fotos und Briefe aus dieser Zeit. Belegstücke einer besessenen Liebe.

Eines der Fotos, schwarzweiß, zeigt uns in enganliegenden schwarzen Jeans und Ringelpullovern: Partnerlook, den es damals als Modeerscheinung noch nicht gab. Die Haare zentimeterkurz, im gleichen Schnitt, einmal schwarz – das ist Kirsten –, einmal blond. Dazu hatte ich Kirsten angestiftet. Sie opferte den mädchenhaften Bubikopf, ich schulterlange Haare. Für unsere Mütter war es eine Provokation. Wir probten den Aufstand mit Klamotten und Friseur.

Kirstens Bruder, damals Mitte zwanzig und Jurastudent, muß schnell begriffen haben, was zwischen seiner Schwester und mir ablief. Er stichelte, fing an, Witze über Lesben zu reißen, ging irgendwann zum Angriff über, beschimpfte mich als »Hexe«, die Macht über seine Schwester hätte, pöbelte, drohte, wollte mich aus der Wohnung werfen. Kirstens Vater nahm mich überraschend in Schutz.

Andere, wie meine Mutter, verschlossen einfach die Augen. Es verblüffte meine Mutter nur einen Nachmittag lang, die Tür zu meinem Zimmer abgeschlossen zu finden. Sie rüttelte an der Klinke, rief und gab sich von da an zufrieden. Kein Wort darüber. Mein Vater war ohnehin mit anderen Dingen beschäftigt.

Damals, Ende der fünfziger Jahre, gab es keine Frauenbewegung und schon gar keine Lesben- oder Homobewegung. Und auf der anderen Seite gab es keine Pille, Abtreibung war verboten und volljährig wurden wir erst mit einundzwanzig.

Für Dich ist das lange her; für mich »nur« gut dreißig Jahre. Selbstverständlich ist vieles von damals aus meiner Erinnerung verschwunden, hat sich sozusagen spurlos in die Vergangenheit zurückgezogen. Anderes taucht gelegentlich wieder auf, etwa beim Betrachten alter Fotos; oder auch ohne Anlaß, unerwartet, ja, fast so, als spränge es aus irgendeiner verstaubten und vergessenen Ecke, aus irgendeinem Schatten überraschend in den Lichtkegel der Gegenwart.

An eines, zum Beispiel, erinnere ich mich mit Sicherheit: Kirsten und ich, wir beide empfanden das, was mit uns geschah, diese Besessenheit vom Körper und von der Seele der anderen auch als eine Art Schutz. Wir genossen die körperliche Liebe und gaben uns gleichzeitig gegenseitig einen Schutzraum gegen eine als feindlich empfundene Außenwelt. Unsere Liebe war mehr als die Lieben, die uns die Erwachsenen vorlebten. Unsere Liebe konnte uns nicht in Schwierigkeiten bringen, ja, möglicherweise war sie – und hier kann ich nur für mich sprechen, weil Kirsten und ich als erwachsene Frauen nie einen Versuch gemacht haben, gemeinsam darüber nachzudenken – möglicherweise war unsere Liebe so etwas wie ein Fingerzeig in Richtung einer Freiheit, die damals nur erträumt werden konnte; denn die bunte Vielfalt weiblicher Lebensentwürfe, die kannten wir noch nicht.

Wir träumten, liebe Pia.

Ich sehe Kirsten und mich wieder unter einem der drei Kastanienbäume im Pausenhof stehen. Ich hatte mich an den Stamm gelehnt, spürte die faltenreiche rauhe Rinde durch meine Bluse hindurch auf der Haut und malte Kirsten und mir unsere Zukunft aus. In dieser Zukunft kam ich als berufsmäßige Poetin vor und Kirsten zuerst einmal im gewohnten Paarmuster nur als meine zweite Hälfte, allerdings als unverzichtbarer Teil meines zukünftigen Lebens. Ich baute uns in Gedanken ein Haus. Es sollte irgendwo auf dem Land stehen, romantisch mit Efeu oder wildem Wein bewachsen, mit Blick übers Hügelland, Wald in der Nähe. Kirsten war einverstanden, den Haushalt zu führen. Ihre Mutter machte es schließlich nicht anders, obwohl sie Realschullehrerin war, den Beruf aber nicht mehr ausübte.

So weit, so gut, so sentimental. Irgendwann muß uns beiden klargeworden sein, wie absurd es war, die Schablone des bürgerlichen Rollenmusters auf unsere Planung anzulegen. Es war deshalb nur logisch, daß ich Kirsten von da an aus der Haushaltsführung herausnahm und ihr einen eigenen kreativen Beruf zuordnete. Sie sollte Fotografin werden. Sie hatte Talent. Das mußte in meinen Augen nur forciert und ausgebaut werden.

Wir träumten, liebe Pia, und waren trotzdem realistisch genug zu wissen, daß sich unsere Art von gemeinsamer Zukunft nicht verwirklichen ließ, ohne auf massive Schwierigkeiten und Behinderungen zu stoßen; und auf Verbote, so lange wir minderjährig waren. Also zählten wir die Tage, die wir von unserem 16. bis zu unserem 21. Geburtstag noch bewältigen mußten und legten eine Strichliste an. Fünf Jahre schienen uns eine Ewigkeit zu sein.

Was sind fünf Jahre heute? Heute gehe ich auf die Fünfzig zu und fünf Jahre sind ein Klacks, ein Fingerschnippen. Mehr nicht. Damals dehnte sich Zeit ins Unendliche. Im Rückblick betrachtet könnte ich meinen, es wären mehr als drei Jahre mit Kirsten und dann noch einmal drei Jahre bis zu Deiner Geburt gewesen. Ja, Du warst so etwas wie ein Wendepunkt in meinem Leben, Pia.

Damals, als ich so alt war wie Du heute, also 26, da kannte ich noch nicht dieses Gefühl, das Du schon zu kennen scheinst, nämlich Angst davor, das Leben könnte mir davonrennen, weil der Zeitablauf an Geschwindigkeit mit dem Älterwerden zunimmt. Nun, wie auch immer, Du kamst zur Welt, als Kirsten und ich es geschafft hatten, endlich volljährig zu sein.

Und unsere Träume? Die hatten wir längst ad acta gelegt.

Erinnerst Du Dich noch, wie ich Dir zum ersten Mal von Kirsten erzählte? Du warst noch ein Kind und wolltest wissen, was der Begriff »Lesben« bedeutete. Irgend jemand in Deiner Umgebung hatte ihn mit einem Beigeschmack benutzt, herablassend, vielleicht sogar angewidert. Über den Sex zwischen Frau und Mann wußtest Du schon einigermaßen Bescheid.

Ich sollte Dir den anderen Teil der Liebe erklären und erzählte Dir deshalb von meiner Zuneigung zu Kirsten, wollte Dir an meinem eigenen Beispiel zeigen, daß Homosexualität immer nur eine Spielart und niemals abartig ist; wollte Dir meine Unbefangenheit von damals vermitteln, denn ich hatte erst im nachhinein begriffen, mit welcher Selbstverständlichkeit Kirsten und ich unsere Liebe praktiziert hatten. Eine Ahnung davon bekam ich wahrscheinlich zum ersten Mal, als ich Dich, das neugeborene Baby, meiner alten Lehrerin beim Nachmittagstee vorführte und die alte Dame, die ich sehr verehrte, einen Seufzer der Erleichterung ausstieß, mich anstrahlte und sagte: »Und ich hatte schon Angst, du könntest lesbisch sein!«

Und jetzt, liebe Pia, fragst Du also nach Deinem eigenen Standort. Wie soll ich Dir diese Frage beantworten können? Leben muß gelebt werden. Es ist keine Sache, die sich in der Theorie zurechtschneidern läßt. Außerdem hat sich die Wirklichkeit inzwischen verändert. Manche Fronten existieren nicht mehr. Viele Schranken sind längst niedergerissen. Neugier und Abenteuer sind erlaubt. Erlaubt ist auch die Verwirklichung jener Freiheit, die ich mir mit Kirsten damals erträumen wollte.

Du weißt, wie die Geschichte ausging. Ich habe Dir oft davon erzählt.

Im dritten Jahr unserer – ja was? Heute würde ich sagen: unserer Beziehung, aber es war mehr, also müßte ich schreiben: »im dritten Jahr unserer Obsession«. In diesem dritten Jahr hatten Kirsten und ich unser Überfliegerjahr. Wir kamen uns unschlagbar vor. Zwei Verschwörerinnen gegen den Rest der Welt. Zwei, die ihr Leben ganz anders einrichten würden. Zwei, die das Leben eroberten. Das Leben in allen Formen, Schattierungen, in allen Facetten. Aber: zu zweit. Das bedeutete: solange wir zu zweit waren, konnte uns nichts geschehen.

Ach, Pia, wir waren naiv!

Zum Leben gehörte natürlich auch die Spezies Mann.

Kirsten und ich machten uns einen Spaß daraus, diese Spezies zu erforschen, herauszufordern, an ihr unsere Kräfte zu messen. Im Klartext: Wir flirteten auf Teufel komm raus bei jeder Gelegenheit und mit jedem jungen Mann, der uns über den Weg lief; setzten alle Hebel weiblicher Verführungskunst voller Verachtung für das Modell heterosexueller Beziehungen und das Leben mit Kindern, Küche und Kirche in Bewegung und ließen unser Opfer in dem Augenblick wie eine heiße Kartoffel fallen, in dem es glaubte, mit einer von uns ins Bett gehen zu können.

Wir hatten ja uns, und wir waren grausam.

Einmal oder zweimal entgingen wir übrigens nur durch einen glücklichen Zufall einer Vergewaltigung.

Aber dann, am Ende dieses dritten Jahres, passierte, worauf unsere Eltern wohl still, Kirstens Bruder hämisch feixend, gehofft hatten: Ich lernte Deinen Vater kennen und verliebte mich. Ich war felsenfest davon überzeugt gewesen, meine Liebe zu Kirsten niemals an einen Mann verraten zu können. Ich glaubte, gewappnet zu sein. Ich war es nicht.

Ich verließ Kirsten, und sie ließ mich los. Ohne Kampf.

Du wurdest geboren, als ich endlich volljährig wurde. Und Du weißt, daß ich Dich von Anfang an zärtlich liebte.

Kirsten brachte ein halbes Jahr nach Deiner Geburt einen Sohn zur Welt. Es gibt Fotos, auf denen ihr beide zusammen im Laufstall zu sehen seid.

Die Zeitabstände, in denen Kirsten und ich uns noch begegneten, wurden immer größer. Anfangs schrieben wir

Briefe. Später wurden es Postkarten und Grüße zu den Geburtstagen und zu Weihnachten. Wir führten uns unsere Männer vor und unsere Kinder, und im nachhinein entbehrt es nicht einer abstrusen Komik, daß wir – nicht nur nach außen hin – so taten, als hätte es nie etwas zwischen uns gegeben. Wir arbeiten beide erfolgreich daran, die Verdrängung zu verinnerlichen.

Erst als Du mit dem Begriff »Lesben« nach Hause kamst, fing ich an zu begreifen, daß meine Beziehung zu Kirsten mehr war, als nur ein pubertärer Ausrutscher. Wäre es nur das gewesen, ich glaube, ich hätte die Erinnerung daran längst aus meinem Leben getilgt. Es wäre kein Thema mehr, keine Beunruhigung, keine Frage, mit der ich mich selbst doch hin und wieder auch in Frage stelle und meinen realen Lebensablauf mit einem möglichen anderen vergleiche. Kirsten wäre dann abgelegt, abgehakt und in einer Schublade verstaut, sortiert und verpackt, wie ich es mit alten Briefen mache, zu deren Schreibern ich keine Verbindung mehr habe.

Auch zu Kirsten habe ich nun seit Jahren schon keinen Kontakt mehr. Er versickerte irgendwo zwischen den Jahren. Wir entfernten uns auch räumlich voneinander. Sie zog nach Norddeutschland. Irgendwann traf ich sie dort anläßlich einer Lesung wieder. Sie hatte ihre gesamte Familie mitgebracht: den Mann, den Sohn und die Tochter. Ich war bereits wieder geschieden. Als ich ihr davon erzählte, schwieg sie einen Augenblick, ehe sie sagte: »Du verstehst mich vielleicht nicht – aber ich fühle mich wohl in meinem Leben. Ich möchte es nicht anders führen.«

Ich hatte den Eindruck, sie richtete einen Schutzwall auf. Seitdem schweigt sie. Keine Karte, nicht einmal der übliche Bericht von einem Klassentreffen. Oft tut es mir leid. Ich wüßte gerne, wie es Kirsten geht.

Wenn ich heute zurückblicke und meine verschiedenen Lebenserfahrungen gegeneinander abwäge, dann hat die Zeit mit Kirsten einen hohen Stellenwert. Und, wenn ich die verschiedenen Schritte beurteilen soll, die ich in meinem Leben getan habe, um dieses Leben mit zu gestalten, so gäbe es einige Schritte, die ich heute vermeiden würde; die Zuneigung zu Kirsten gehört nicht dazu.

Du siehst, liebe Pia, das Leben ist gar nicht so eindeutig und eingleisig, wie es manchmal aussieht. Ich denke: oft tarnt sich das Leben und setzt die Tarnkappe nur für diejenige ab, die sich auf das Abenteuer einläßt, neugierig zu sein, etwas zu wagen und das Risiko eines Scheiterns dabei in Kauf zu nehmen.

Herausfinden, liebe Pia, herausfinden, wie das Leben in Wirklichkeit aussieht: das mußt Du selbst.

Biographische/bibliographische Notizen

Julia Bähr (Pseudonym), geboren 1941, lebt und arbeitet in Köln. Veröffentlichung: »Klatschmohn – eine Geschichte aus der Frauenbewegung.« (1984)

Elisabeth Ehrenberg, geboren 1964 in Salzburg, studierte Romanistik, Anglistik und Slawistik, Auslandsaufenthalte in Frankreich und Polen. Veröffentlichungen in »Lesbenstich« und »Palette« (Anthologien). Lebt z. Zt. in Polen.

Marion Kannen, geboren 1956 in Gießen, studierte Germanistik und Anglistik, Auslandsaufenthalt in England, Veröffentlichungen in verschiedenen Zeitschriften und Anthologien, lebt in Köln.

Claudia Kleiber, geboren 1965, Studium der Philosophie, deutschen Literatur und Psychologie. Hauptberuflich freie Schauspielerin mit produzierenden Ambitionen, nebenberuflich redaktionelle Mitarbeit an (feministischen) Medien und Veröffentlichung von Rezensionen sowie Arbeit an Kurzgeschichten und einem Drehbuch. Seit 1990 Mitherausgeberin der Literaturzeitschrift »Liesebuch«. Lebt in München.

Bettina Mankowski, geboren 1970, studiert Sozialarbeit mit Schwerpunkt Bildungs- und Beratungsarbeit mit Frauen. Fotographieren und Schreiben. Veröffentlichungen: Kurzgeschichte »Annoncen« in »Flüchtiges Begehren«, Hrsg. Martina Müller (1991). Gedichte. Lebt in Hagen.

Angelika Mechtel, geboren 1943 in Dresden. Seit etwa 1962 freiberufliche Autorin. Erzählungen: »Die feinen Totengräber« (1968), »Die Träume der Füchsin« (1976). Romane: »Kaputte Spiele« (1971), »Die andere Hälfte der Welt oder Frühstücksgespräche mit Paula« (1980) u. a. autobiographisch: »Wir sind arm, wir sind reich« (1977), »Jeden Tag will ich leben« (1990). Ferner: Gedichte, Kindergeschichten, Hörspiele, Fernsehspiele. Mitarbeit in verschiedenen Autorengremien. Lebt in Köln.

Martina Müller, geboren 1959 in Köln, studierte Theaterwissenschaft, Germanistik und Anglistik in Köln und St. Louis, seitdem tätig als Dramaturgin, Angestellte, Tippse, Schauspielerin. Veröffentlichungen: »Flüchtiges Begehren« (Hrsg. in; 1991) »Selbstversuch« in: Chris Paul: »Beziehungsweise« (1991). Lebt in Köln.

Mirjam Müntefering, geboren 1969, Studium der Filmwissenschaft. Ständige Mitarbeiterin bei der Berliner Zeitschrift »Lesbenstich«. Veröffentlichungen: »Der Delphin im Thunfischnetz«, »Wolfszauber« in »Flüchtiges Begehren« Hrsg. Martina Müller (1991). Lebt in Bochum.

Chris Paul, geboren 1962, Studium der Germanistik und Musikwissenschaften, Mitgründerin des Ätna-Verlags, Schriftstellerin, Referentin in der Erwachsenenbildung, SS 92 Gastdozentin an der FU Bremen, Veröffentlichungen von Kurzgeschichten und Essays sowie »SelbstVerteidigung«, Erzählung (1988), »Trauer Fall«, Erzählung (1991), als Hrsg. in: »alltägliche Träume« (1989), »Lesbenblicke von Hier nach Drüben« (1991) und »Beziehungsweise« (1991). Lebt in der Nähe von Bonn.

Irmtraut Petersson, geboren 1943 in Glogan/Schlesien. Germanistik-Studium. 1975-1980. Freie Lektorin im Verlag Volk und Welt, Berlin-Ost. 1985 Beginn der Schreibtätigkeit. Seit

1987 Leiterin der Autorinnengruppe »Ariadne-Faden«. Mitgliedschaften: Gruppe 84, Bonner Literaturverein e. V., Ariadne-Faden; Literaturzeitschriften: »bon(n)mot und »Dichtungsring«. Veröffentlichungen: »Der Pädagoge von Klopan« (Hrsg. in; 1980). Eigene Texte in Kollagemappen, im Eigenverlag, in diversen Literaturzeitschriften. Experimentelle Lesungen (mit Geräuschen, Klängen, Tönen). Lebt in Bonn.

Karin-Sarah Reichelt, geboren 1964 in Nürnberg, 1985-1990 Studium der Psychologie, Veröffentlichungen in verschiedenen Zeitschriften und Anthologien. Lebt in Köln.

Elke Vesper, geboren 1949 in Hamburg, studierte Germanistik, Romanistik, Geschichte, Philosophie, Psychologie und promovierte über französische Literatur. Ausbildung als Fremdsprachenkorrespondentin, Lehrerin und Tanztherapeutin. Veröffentlichungen: Romane: »Freier Fall« (1983), »Schutzhäute« (1986), »Schreckliche Maria. Das Leben der Suzanne Valadon« (1991). Erzählung: »Beinahe Liebe« (1986). Ferner: »Fremde Schwestern. Meine Reise zu den Frauen in der Sowjetunion«. (1984), »Vom Schwarzen Meer nach Leningrad. Auf eigene Faust durch die Sowjetunion.« (1988). Lebt in Hamburg.

Natascha Würzbach, geboren 1933, Studium der Anglistik, Germanistik, Philosophie und Geschichte. Hochschullehrerin. Herausgabe und Mitarbeit: »Krankheit als Lebenserfahrung. Frauen berichten« (1988). Lebt in Köln.